Romance Literary Studies

ROMANCE LITERARY STUDIES

Homage to Harvey L. Johnson

Edited by

Marie A. Wellington
and
Martha O'Nan

243801

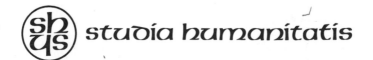

Publisher, printer and distributor
  José Porrúa Turanzas S. A.
  North American Division
  1383 Kersey Lane
  Potomac, Maryland 20854
  U.S.A.

Impreso en Los Estados Unidos
Printed in the United States of America

Contents

STUDIES

Biographical Note

Biographical Note

Harvey L. Johnson spent his childhood in Cleburne, Texas, where he was born on September 12, 1904. After graduating as valedictorian of his Brownwood (Texas) High School class in 1922, he attended Howard Payne College and was awarded the Bachelor of Arts degree in 1925. By 1928, when he received the Master of Arts degree from the University of Texas, he had already begun a career in the field of education that was to span some fifty years and leave a legacy of scholarly and humane example of incalculable value to colleagues and students.

Professor Johnson's earliest teaching assignments took him to Lordsburg High School (1925–26) and to Alamogordo High School (1926–27) in New Mexico. Following a year on the faculty of Victoria (Texas) Junior College (1929–30), he taught at Rice University in Houston for six years (1930–36). In the summers of 1931 and 1933 he travelled to Europe to study at the University of Madrid and at the Sorbonne, and, as the only passenger on Spanish and American freighters, he had the unforgettable experience of daily association with the ships' officers and of disembarking along the way at small ports in Spain and Portugal. From 1937 to 1940, while completing his graduate studies, he was professor and Head of the Department of Romance Languages at Cedar Crest College in Allentown, Pennsylvania. In 1940, having just received the Ph.D. from the University of Pennsylvania, he joined the staff of the Department of Romance Languages of Northwestern University, and in 1948 he held a visiting lectureship to six Latin American countries granted by the Department of State. Two years later he married Margaret Burkhardt, and their two sons, Harvey, Jr. and Harold, were born in Bloomington, Indiana, where the Johnsons moved in 1951. In that year Dr. Johnson left Northwestern to accept an appointment as professor and Chairman of the Department of Spanish and Portuguese at Indiana University, where he continued to teach until 1965. In the summer of 1946 and during the second semester of 1958 students at the University of Texas had had the opportunity to know him as a visiting professor; and in 1965 he again became a resident of his native state, returning to take a position as professor of Spanish and Portuguese at the University of Houston, from which he retired as Professor Emeritus in 1975.

A dominant force in Professor Johnson's life has been profound commitment to his calling as an educator, a commitment that he has consistently expressed in the energetic pursuit of professional goals and interests. From the beginning he related to his students, involved himself in their activities and concerns, and worked to find ways of helping them. At Lordsburg he was also coach of the baseball and basketball teams, leading the latter to the state play-offs, and at Alamogordo he was scoutmaster of the local troop. At Northwestern he accepted the challenging and time-consuming task of serving as the first Advisor to Foreign Students, a group whose members were divided between the Evanston and the Chicago campuses; and, to give recognition and encouragement to high school students in Indiana, he initiated in 1952 and for ten years sponsored the annual Achievement Contest for Spanish. As a result of his leadership other academic benefits also fell to an inestimable number of students, foreign and native alike. He initiated and directed the programs in Latin American Studies at Northwestern, Indiana University, and the University of Houston, and his role was the same in relation to the Intercollegiate Study Project that for ten years allowed a group of Indiana colleges to send students for a six-week study program at Mexico City College. In 1959–60, having arranged for its financial support by the Department of State, he initiated a scholarship program to enable university students of Indiana and other states to spend the junior year at the University of San Marcos in Lima, Peru; and he participated in developing a project to bring twenty-five law students from five Peruvian universities to Indiana University for six weeks of courses especially designed to acquaint them with American legal concepts, politics, campus life, and culture. He also instituted a scholarship program supported by the Puerto Rican government that for three consecutive years brought thirty Puerto Rican teachers of English to the Bloomington campus to spend an academic year enrolled in special courses in literature and culture of the United States, English grammar and composition, phonetics, and pronunciation drill. Finally, the teaching of Spanish in the elementary grades of University School in Bloomington was inaugurated by him, with majors in the Department of Spanish and Portuguese serving as instructors and receiving credit in practice teaching.

Professor Johnson reached beyond the university, too, to bring additional educational opportunities into the community through radio and television. While at Northwestern, he participated in programs about Latin America that were presented by the popular "Northwestern Reviewing Stand," a weekly round-table forum broadcast by station WGN and carried by the Mutual Broadcasting System, and in 1953 as guest speaker on "Pan American Serenades" (station WASH and the Continental FM network) he dealt with "Origins of the Theatre in Latin America." He later wrote historical, factual and cultural materials on Latin America for a radio series of twenty-two programs entitled "Hello, Neighbor" in which he also participated. This series as well as a number of other television programs about Latin America originated in the studios of Indiana University. So, too, did the program using the materials that he had prepared for teaching, for the first time in Indiana, a television course in elementary Spanish.

As lecturer, Professor Johnson has appeared in colleges and universities in many parts of the United States and at cultural centers, private and public schools, and universities in Mexico, Uruguay, Paraguay, Peru, Bolivia, and other South American countries. From 1961 to 1963 he served as consultant to both the Hispanic Foundation of the Library of Congress and the Department of Health, Education, and Welfare.

From the time when Professor Johnson, as a young instructor at Rice University, was one of the founding members of the Brazos Chapter of the American Association of Teachers of Spanish and Portuguese, membership in professional organizations has tended to be synonymous for him with active involvement in their programs and projects. The list of offices that he has held, committees on which he has served, and programs on which he has appeared is too lengthy to be given in its entirety, but an overview of his major contributions provides an indication of the vigorous nature of his participation. Following his initiation in 1941 into the Phi Epsilon Chapter of Phi Sigma Iota (Romance Language Honor Society), he served as faculty sponsor at Northwestern for a number of years. From 1952 to 1955 he was President of the organization, founding its chapter at Indiana University in 1952 and installing chapters at Hiram College and at Indiana State Teachers College in 1954 and 1955, respectively, and, in recognition of his lengthy and dedicated service to the organization, in 1976 the summer issue of the *Phi Sigma Iota Forum* was dedicated to him. In 1952 Professor Johnson was appointed representative of the Modern Language Association of America at the Medina Centennial Celebration in Washington, D.C., from 1962 to 1976 he served as Chairman of the bibliographic committee for the Spanish American literature sections, and in 1965 he was co-founder of its Romance Literary Relations Group. He continues to preside over sessions of the Association and to read papers, and he is currently a member of the Delegate Assembly. From 1952 to 1954 he was President of the Indiana Foreign Language Teachers Association, and during 1954–55 he served as national President of the Association of College Honor Societies. He led efforts to found the Midwest Association of Latin American Studies in 1960 and later similarly assisted in the establishment of the Southwestern Council for Latin American Studies, and he is still an active member of the Policy, Research and Investigation Committee of the Seminar on the Acquisition of Latin American Library Materials.

With a scholar's love for books, zeal for collecting them, and vision of shared access, Professor Johnson first was instrumental in acquiring for Deering Library of Northwestern University about six hundred Mexican plays consisting of nineteenth- and twentieth-century pieces and a few manuscripts. More recently, he aided the Spanish Library Fund Committee in raising $125,000 for the purchase of Spanish, Spanish American, Portuguese, and Brazilian books and manuscripts for the University of Houston Libraries. Among the acquisitions are Willis Knapp Jones' library of Spanish American plays; the private library of Carlos González Peña consisting of 7,236 volumes; two hundred Spanish plays, many chronicles, histories, memoirs, and books of criticism from Spain; and 1,200 Mexican books.

Study of Professor Johnson's bibliography, which follows, shows that the same breadth of interest that marks his work as a teacher characterizes his research and publications. Among his twelve books are critical editions, translation, collections of scholarly essays, textbooks, and historical studies. Since his first article appeared in 1940, he has written one hundred and thirty-three and published some one hundred and twenty-four book reviews in this country and abroad, which testify to his scholarship. His essays deal not only with Spanish, Spanish American, Portuguese, and Brazilian literatures but also with the teaching of Spanish and Portuguese in the United States, and his bibliographies are important research aids for other scholars. In short, his record of scholarly accomplishment speaks impressively for itself.

The affection and esteem that Professor Johnson's untiring effort and outstanding achievements have won for him in the hearts of students have been expressed by Inés Anido Frombaugh in her poem ''Para Usted'':

> Hoy se quiere inspirar mi poesía
> cantando a quien mis temas ha formado:
> Humano, amigo, consejero honrado,
> y gran coloso de la lengua mía.
>
> Pasa la mayor parte de los días
> entre cientos de libros sepultado:
> Ojo escudriñador, genio avisado,
> observador de pelo gris y mano guía.
>
> Los largos, lentos años que he vivido
> respetando su aguda inteligencia,
> hoy, mirando hacia atrás, parecen pocos.
>
> Gracias le doy. Yo tanto le he debido
> a su cordialidad, a su paciencia,
> a Usted, *mi* professor, Harvey L. Johnson.

To the many honors that Professor Johnson has received in the form of dedications, grants, awards, and memberships in honor societies is added this volume of studies by colleagues and former students whose lives have been enriched through association with him during his long career of dedicated service to the educational community. We are among those who know from experience the way in which he makes uniquely his own the credo that he professes: "One should have lofty ideals, maintain that the human race is more inherently good than bad, and insist that the individual must enjoy the right to daydream and join the cult of beauty."

Marie A. Wellington
Elmhurst, Illinois
January 1979

Harvey L. Johnson

Distinctions

Grant from American Council of Learned Societies for research on Colombian theatre, 1942

Visiting lectureship to six Latin American countries granted by the Department of State, 1948

Honorary Professorship of Literature from Universidad Mayor de San Andrés (La Paz, Bolivia), 1948

Corresponding Member of Academy of Geography (Sucre, Bolivia), 1948

Summer Research Grants from the University of Houston, 1966 and 1970

Consultant to the Hispanic Foundation of the Library of Congress, 1961–63

Consultant to the Department of Health, Education, and Welfare, 1961–63

Member of the Latin American Translation Program Committee of the Association of American University Presses for five years

Newberry Library Senior Research Fellow, 1973

American Philosophical Society Research Grant, 1973

Corresponding Member of The Hispanic Society of America

Life Fellow of the International Institute of Arts and Letters

Editorial Assignments

Contributing Editor to *Handbook of Latin American Studies*, 1962–78

Associate Editor of *South Central Bulletin*, 1966–69

Editor of *SCOLAS Bulletin*, publication of Southwestern Council for Latin American Studies

Membership and Major Offices
in Academic and Cultural Societies

American Association of Teachers of Spanish and Portuguese

Modern Language Association of America

Alpha Chi, Kappa Delta Pi, Phi Kappa Phi (scholastic honor societies)

Sigma Delta Pi (Spanish honor society)

American Association of University Professors

Instituto Internacional de Literatura Iberoamericana

Asociación Internacional de Hispanistas

Indiana Foreign Language Teachers Association, President 1952–54

South Central Modern Language Association

Phi Sigma Iota, national President 1952–55

Association of College Honor Societies, national President 1954–55

Association for Latin American Studies, Secretary-Treasurer 1959–60

Midwest Council for Latin American Studies, President 1961–62

Latin American Studies Association

Institute of Hispanic Culture of Houston, Chairman of Board of Directors, 1968–69

Texas Association of College Teachers, President of local chapter 1968–69

Southwestern Council of Latin American Studies, President 1969–70

Seminar on the Acquisition of Latin American Library Materials

Houston Area Teachers of Foreign Languages, President 1972–73

Bibliography of Harvey L. Johnson

Books

Triunfo de los santos *with a Consideration of Jesuit School Plays in Mexico Before 1650*. Philadelphia: University of Pennsylvania Press, 1941.

La América Española: Panorama cultural. New York: Oxford University Press, 1949.

Antonio García Gutiérrez. *El diablo nocturno*. Edición con prólogo y notas. Colección Studium, 13. México: Ediciones de Andrea, 1956.

Ignacio Manuel Altamirano. *Christmas in the Mountains (La Navidad en las montañas)*. Translation with introduction and notes. Gainesville: University of Florida Press, 1961.

Aprende a hablar español. Boston: Ginn and Company, 1963.

Student's Laboratory Manual for Aprende a hablar español. New York: Blaisdell, 1965.

Contemporary Latin America: A Selection of Papers Presented at the Second Annual Conference on Latin America. Ed. with Richard V. Weekes. Houston: University of Houston, Office of International Affairs, 1968.

Contemporary Latin America: A Selection of Papers Presented at the Third Annual Conference on Latin America. Ed. Houston: University of Houston, Office of International Affairs, 1969.

Ignacio Manuel Altamirano. *La Navidad en las montañas*. Reproducción facsímile del manuscrito y de la primera edición. Con introducción y notas. México: Porrúa, 1972.

Contemporary Latin American Literature: A Conference Held Under the Auspices of the Committee on Latin American Studies. Ed. with Philip B. Taylor. Introduction by Harvey L. Johnson. Houston: University of Houston, Office of International Affairs, 1973.

Papers on Romance Literary Relations. Papers presented at the Romance Literary Relations Group, Modern Language Association of America, Chicago, Illinois, December 1973. Ed. with introduction. Houston: University of Houston, 1974.

Book in Press

The Virgin of Guadalupe in Mexican Culture.

Articles

"The Staging of Fernán González de Eslava's *Coloquios.*" *HR*, 8 (1940), 343–46.

"Notas relativas a los corrales de la ciudad de México (1626–1641)." *RI*, 3 (1941), 133–38.

"The Sources of Calderón's *La lepra de Constantino.*" *HR*, 9 (1941), 482–88.

"Nuevos datos para el teatro mexicano en la primera mitad del siglo XVII, referencias a dramaturgos, comediantes y representaciones dramáticas." *RFH*, 2 (1942), 127–51.

"The Model used by Moreto in the Legal Consultation Scene of *Las travesuras de Pantoja.*" *HISP*, 25 (1942), 444–45.

"Una contrata inédita, dos programas y noticias referentes al teatro en Bogotá entre 1838 y 1840." *RI*, 7 (1943), 49–67.

"Latin America and the University Library." *IL*, 25 (1943), 85–91.

"Loa representada en Ibagué para la Jura del Rey Fernando VI." *RI*, 7 (1944), 293–308.

"Noticias dadas por Tomás Gage a propósito del teatro en España, México y Guatemala (1624–1637): La representación de una comedia de Lope de Vega, habladurías relativas a la famosa actriz Amarilis y producciones de indios y criollos." *RI*, 8 (1944), 257–73.

"A Recent French Adaptation of *La estrella de Sevilla.*" *RR*, 36 (1945), 222–34.

"Disputa suscitada en la Ciudad de México entre los Alcaldes del Crimen y los Ordinarios por el auto del año 1819 que mandó a las actrices no vestir traje de hombre en las funciones del Coliseo." *RI*, 10 (1945), 131–68.

"El primer siglo del teatro en Puebla de los Angeles y la oposición del Obispo don Juan de Palafox y Mendoza." *RI*, 10 (1946), 295–339.

"Canciones de negros." *BBAW*, 3 (1948), 113–14.

"Spanish Literature (1936–1946)." *Ten Eventful Years. Encyclopaedia Britannica*, 1947, IV, 150–52.

"Una compañía teatral en Bogotá en 1618." *NRFH*, 2 (1948), 377–80.

"Eugene O'Neill." *BBAW*, 5 (1949), 10–21.

"La historia de la comberción de San Pablo, drama guatemalteco del siglo XVIII." *NRFH*, 4 (1950), 115–60.

"Morales Writes a Letter to Melgarejo." *MA*, New Series 21, 32 (1950), 104–11.

"Our New Placement Bureau." *HISP*, 33 (1950), 16–17.

"Nuevos datos sobre el teatro en la Ciudad de Guatemala (1789–1820)." *RI*, 16 (1950–1951), 345–86.

"Bécquer's *Un drama*." *HR*, 21 (1953), 150–54.

"Longfellow Advises a Student About Learning Foreign Languages." *MLJ*, 37 (1953), 250.

"Compañías teatrales en Arequipa en 1621 y 1636." *NRFH*, 7 (1953), 449–60.

"Cinco dramas inspirados en las *Rimas* de Bécquer." *NRFH*, 8 (1954), 176–84.

"La fuente de *Las hojas secas* de Béquer." *NRFH*, 8 (1954), 422–24.

"The Modern Language Association Interdisciplinary Seminar on Language and Culture." *MLJ*, 39 (1955), 117–18.

"As the Latins See Us." *News Letter of Phi Sigma Iota*, 27, No. 1 (1955), 1, 8, 14.

"*El duende de Valladolid* de García Gutiérrez." *NRFH*, 9 (1955), 158–60.

"Achievement Contest in Spanish in Indiana High Schools." *MLJ*, 40 (1956), 175–77.

"Present Status of the Teaching of Spanish American Languages and Literatures in the United States" and "Doctoral Dissertations Written in the United States on Latin American Languages and Literatures and Related Topics." *Proceedings of the Symposium on the Languages and Literatures of Spanish America and Brazil* (June 22–23, 1956, Austin, Texas). *Latin American Studies*, 15 (1957), 23–25, 51–62.

"Poesías de García Gutiérrez publicadas en revistas mexicanas." *NRFH*, 11 (1957), 171–88.

"Latin American Languages and Literatures" (a working paper). *Latin American Studies in the United States*. Hispaniç Foundation Survey Reports of Teaching and Research Resources and Activities in the United States on Latin America, Reference Department of Library of Congress, Washington, D.C., No. 8 (1959), 89–92.

"Indiana University Junior Year in Peru." *HISP*, 43 (1959), 247–48.

"A Backward Glance at Portuguese and Brazilian Studies in the United States." *JIS*, 1 (1959), 477–88.

"The Teaching of Spanish and Portuguese in the United States." A working paper for the 7th National Conference, U.S. National Commission for UNESCO (September 29–October 2, 1959, Denver, Colorado), 1 page.

"Special Language Institutes for Spanish and Portuguese." A working paper for the 7th National Conference, U.S. National Commission for UNESCO (September 29–October 2, 1959, Denver, Colorado), 1 page.

"New Association for Latin American Studies." *AL*, 1 (February 1960), 1–7 and *HISP*, 43 (1960), 71–74.

"Some Aspects of Spanish American Culture." *AM*, 17 (1961), 343–56.

"Gil Vicente in Portugal in 1961." *BC*, 13, No. 2 (1961), 9.

"Latin American Area Programs." *HISP*, 44 (1961), 304–07. Also in *Papers Presented at the Second Conference on Inter-American Affairs* (December 4–5, 1960, Xavier University). Ed. by E. J. Goodman. Cincinnati: Xavier University, 1961, 62–69.

"The Brazilian Mirror: Some Brazilian Writings in English Translation." *AM*, 21 (1965), 274–94.

"Longfellow and Portuguese Language and Literature." *CL*, 17 (1965), 225–33.

" 'A España,' soneto de García Gutiérrez." *NRFH*, 18 (1965–1966), 169–71.

"Longfellow Translates some Verses at Sarmiento's Request." *Sy*, 20 (1966), 237–40.

"Latin American Studies at the University of Houston." *Focus on the University of Houston in International Affairs*, 2, No. 2 (1966), 2, 12.

"Latin American Studies at the University of Houston." *Focus on the University of Houston in International Affairs*, 3, No. 3 (1967), 11.

"Two Significant Literary Collections." *Ald*, 5, No. 3 (1967), 3–4.

"The Development of the Latin American Collection Viewed by a Professor." *Twelfth Seminar on the Acquisition of Latin American Library Materials* (June 22–24, 1967, Los Angeles, California). Working paper No. 7. Washington, D.C.: Pan American Union, OAS, 1–8.

"New Spanish Acquisitions." *Ald*, 6, No. 2 (1968), 16–18.

"The Faculty's Role in the Governance of Colleges and Universities." *Proceedings of the Central Association of College and University Business Officers* (57th Meeting, April 27–30, 1969, Houston, Texas), 95–98.

"Past, Present and Future: The Growing Collections in Spanish and Portuguese." *Ald*, 7, No. 2 (1969), 20–23.

"Impacto de *Sagarana*." *SL*, 18 outubro 1969, p. 12.

"Job Market and Quality Training in Foreign Languages." *News Letter of Phi Sigma Iota*, 42, Nos. 1 and 2 (1970), 7–9.

"The Training of Teachers of Spanish for the High Schools." *BIFL*, 2 (1970), 16–18.

Prefacio. *La protesta social en la dramaturgia de Acevedo Hernández*. By Carlos H. Monsanto. México: B. Costa-Amic, 1971, xiii–xiv.

"The Existentialist Man's Problems in Two Representative Works of Spanish American Literature: Sábato's *El túnel* and Béneke's *Funeral Home*." *ALSC*, 3 (1972), 94–104.

"Contemporary Latin American Literature: Looking Backward and Forward." *Handbook of Latin American Studies*. Vol. XXXIV. Gainesville: University of Florida Press, 1972, 429–37.

"Conference on Contemporary Latin American Literature at University of Houston, March 16–18." *SCB*, 32 (1972), 46.

"Former President's Remarks." *News Letter of Phi Sigma Iota*, 44, No. 1 (1972), 6.

"Notable Acquisitions in Spanish and Spanish-American Letters." *Ald*, 10, No. 1 (1972), 10–13.

"Kenneth D. Ball Memorial Collection." *Ald*, 10, No. 2 (1972), 5–10.

"Sarmiento Participates in Educators' Meeting in Indianapolis in

1866." *IARB*, 23 (1973), 438–46.

"Ola Albright Memorial Collection." *Ald*, 11, No. 1 (1973), 16–22.

"Actual Occupational Outlook for Graduates in Foreign Languages."
ADFL: Bulletin of the Association of Departments of Foreign Languages, 5, No. 1 (1973), 33–36. Reprinted in longer version in *News Letter of Phi Sigma Iota,* 45, No. 1 (1973), 1, 5–8.

"Mexico's Virgin of Guadalupe." *SO*, 12 December 1973, pp. 1, 4.

"Tribute." In *Jerome A. Moore, A Man of TCU* by John H. Hammond. Fort Worth: The Texas Christian University Press, 1974, 55–56.

"Christmas Plays in Mexico and Texas." *SO*, 18 December 1974, pp. 1, 5.

"A Portuguese Manuscript about Astrology." *Ald*, 11, No. 1 (1975), 3–9.

"An Easter Play in Spanish Staged in Houston." *SO*, 26 March 1975, pp. 1, 5.

"Mabbe's *The Spanish Bawd.*" *Ald*, 14, No. 2 (1976), 5–11.

"Nicolás Guillén's Portraits of Blacks in Cuban Society." *Homage to Irving A. Leonard: Essays on Hispanic Art, History and Literature.* Ed. by Raquel Chang-Rodríguez and Donald A. Yates. East Lansing: Latin American Studies Center of Michigan State University, 1977, 197–207.

"Revistas literarias representativas fundadas entre 1965 y 1975." *New Writers of Latin America.* Final report and working papers of the Twentieth Seminar on the Acquisition of Latin American Library Materials (June 15–20, 1975, Bogotá, Colombia). Austin: Benson Latin American Collection, General Libraries, University of Texas, 1978, 363–73.

"Valuable Historical Mexican Documents." *Ald*, 16, No. 1 (1978), 12–19.

Articles in Press

"Nicolás Guillén: Cuban Poet of Protest." *FO*.

"Pablo Neruda's Opinion of the United States and Its Citizens." *IARB*.

"Painting and Legend in Calderón's *El segundo blasón del Austria*."
BC.
"The Southwestern Council of Latin American Studies." *LARR*.

Essays and Biographies in Encylopedias

Four essays on Spanish literature for the years 1944, 1945, 1946, and
1947. *Britannica Book of the Year* for the corresponding years.
"Portuguese Language." *The World Book Encyclopedia*.
"Portuguese and Brazilian Literatures." *The World Book Encyclo-
pedia*.
Biographies of the following: José Artigas, Pedro A. de Alarcón,
Manuel Belgrano, Jacinto Benavente, Vicente Blasco Ibáñez,
Simón Bolívar, Pedro Calderón de la Barca, Miguel de Cervantes
Saavedra, Rubén Darío, José M. Delgado, José Echegaray, Calixto
García e Iñiguez, Federico García Lorca, José Hernández, Miguel
Hidalgo, Juan Ramón Jiménez, Benito Juárez, José J. Martí, Fran-
cisco de Miranda, Gabriela Mistral, Antonio de Sucre, José C. del
Valle, Lope de Vega Carpio, Fidel Castro. *The World Book En-
cyclopedia*.
"Portuguese Language and Literature." *American Educator En-
cyclopedia*.
"Brazilian Literature." *American Educator Encyclopedia*.

Bibliography in Books and Periodicals

"Spanish America: Nineteenth and Twentieth Centuries." *Handbook
of Latin American Studies*. Gainesville: University of Florida Press.
Vol. XXIV, 1962, 284–88; Vol. XXV, 1963, 303–07; Vol. XXVI,
1964, 149–58; Vol. XXVIII, 1966, 242–49; Vol. XXX, 1968,
221–42; Vol. XXXII, 1970, 351–63; Vol. XXXIV, 1972, 437–45;
Vol. XXXVI, 1974, 360–71; Vol. XL, 1978, in press.
"Spanish American Literary Bibliography." *HISP*, (For 1962) 46
(1963), 557–59; (For 1963) 47 (1964), 766–71; (For 1964) 48
(1965), 856–64; (For 1965) 49 (1966), 793–99. *MLJ*, (For 1966) 51
(1967), 402–08; (For 1969) 55 (1971), 306–11; (For 1970 and

1971) 56 (1972), 365–73. *Hispano*, (For 1972 and 1973) 18, No.
54 (1975), 61–78; (For 1974) 21, No. 64 (1978), 93–99; (For 1975)
22, No. 65 (1979), 105–11.
"Literature" (Spanish American and Brazilian). *Basic List of Latin
American Materials in Spanish, Portuguese and French*. Ed. by
Hensley C. Woodbridge and Dan Newberry. Amherst: Seminar on
the Acquisition of Latin American Library Materials, Library of
University of Massachusetts at Amherst, 1975, 101–50.
"Bibliografía literaria hispanoamericana 1976." *RI*, (With David W.
Foster) 44 (1978), 221–29.

Reviews in Journals

1941

Autos y coloquios del siglo XVI. Prólogo y notas de José Rojas
Garcidueñas (México: Ediciones de la Universidad Autónoma,
1939). *RR*, 32, 310–11.

1944

*Memoria del Tercer Congreso Internacional de Catedráticos de
Literatura Iberoamericana* (New Orleans: Tulane University,
1944). *HAHR*, 24, 670–72.

1945

Baldomero Sanín Cano. *Letras colombianas*. Colección Tierra Firme,
2 (México: Fondo de Cultura Económica, 1944). *HAHR*, 25, 396–
397.

1946

Guillermo Lohmann Villena. *El arte dramático en Lima durante el
virreinato*. Escuela de Estudios Hispano-Americanos de la Universidad de Sevilla, Serie 2ª, Monografías, No. 3 (Madrid: Artes
Gráficas, 1945). *HAHR*, 26, 359–61.
Armando de María y Campos. *Andanzas y picardías de Eusebio Vela,
autor y comediante mexicano del siglo XVIII*. (México: Compañía
de Ediciones Populares, B. Costa-Amic, 1944). *HAHR*, 26, 404.

1947

Lota M. Spell. *Cuatro documentos relativos a Sor Juana* (México: Imprenta Universitaria, 1947). *HAHR*, 27, 704–05.

1948

José Almoina. *Rumbos heterodoxos en México.* Publicaciones de la Universidad de Santo Domingo, Vol. LIII (Ciudad Trujillo: Montalvo, 1947). *HAHR*, 28, 559–60.

Mexican Border Ballads and Other Lore. Ed. by Mody C. Boatright (Austin: Publications of the Texas Folklore Society, 21, 1946). *JAF*, 61, 103–04.

Canciones de mi padre. Spanish Folksongs from Southern Arizona. Collected by Luisa Espinal (*University of Arizona Bulletin*, 17, No. 1; General Bulletin, No. 10, 1946). *JAF*, 61, 105–06.

Carlo Tagliavini e Alberto Menarini. *Il portoghese per l'italiano* (Firenze: Le Lingue Estere, 1946). *HISP*, 31, 126.

1949

J. Luis Trenti Rocamora. *El teatro en la América colonial* (Buenos Aires: Huarpes, 1947). *HISP*, 32, 563–64.

Alfonso Reyes. *Letras de la Nueva España.* Colección Tierra Firme, 40 (México: Fondo de Cultura Económica, 1948). *HAHR*, 29, 406–08.

1950

Angel F. Rojas. *La novela ecuatoriana* (México: Fondo de Cultura Económica, 1948). *HISP*, 33, 94–95.

1951

Gustavo Adolfo Bécquer. Las Rimas *y otras páginas.* Prólogo y notas de José María Monner Sans (Buenos Aires: Angel Estrada, 1947). *NRFH*, 5, 447–48.

Eusebio Vela. *Tres comedias*: Apostolado en las Indias y martirio de un cacique, Si el amor excede al arte ni amor ni arte a la prudencia, La pérdida de España. Edición, introducción y notas de Jefferson R. Spell y Francisco Monterde (México: Imprenta Universitaria, 1948). *RI*, 17, 132–34.

Daniel S. Wogan. *A literatura hispano-americana no Brasil (1877–1944)* (Baton Rouge: Louisiana State University Press, 1948). *AM*, 8, 227–28.

1952

Armando de María y Campos. *El programa en cien años de teatro en México*. Enciclopedia mexicana de arte, 3 (México: Ediciones Mexicanas, 1950). *AM*, 9, 232–34.

José Luis Martínez. *Literatura mexicana, siglo XX (1910–1949)*, 1ª parte (México: Antigua Librería Robredo, 1949) y *Guías bibliográficas*, 2ª parte, 1950. *HISP*, 35, 125–26.

1953

Luis Nicolau d'Olwer. *Fray Bernardino de Sahagún (1499–1590)* (México: Comisión de Historia de IPGH, 1952). *IARB*, 3, 171.

1954

José Pedro Díaz. *Gustavo Adolfo Bécquer: Vida y poesía* (Montevideo: La Galatea, 1953). *NRFH*, 8, 427–28.

Edmund L. King. *Gustavo Adolfo Bécquer: From Painter to Poet*. Together with a Concordance of the *Rimas* (México: Porrúa, 1953). *NRFH*, 8, 428–29.

1955

Claude G. Bowers. *My Mission to Spain: Watching the Rehearsal for World War II* (New York: Simon and Schuster, 1954). *HISP*, 38, 123.

Tomme Clark Call. *The Mexican Venture* (New York: Oxford University Press, 1953). *HISP*, 38, 382–83.

William Lytle Schurz. *This New World: The Civilization of Latin America* (New York: E. P. Dutton, 1954). *HISP*, 38, 250–51.

1956

The Teaching of Modern Languages. Problems in Education, X (Paris: UNESCO Publication, 1955; distributed in U.S. by Columbia University Press, New York). *HISP*, 39, 234–36.

Leonel and Lino Vallandro. *Dicionário inglês-português*. (Porto Alegre, Brasil: Editôra Globo, 1954). *HISP*, 39, 502.

1957

José Juan Arrom. *El teatro de Hispanoamérica en la época colonial* (La Habana: Anuario Bibliográfico Cubano, 1956). *HAHR*, 37, 365–67.

Manuel Concha. *Tradiciones serenenses* (Santiago, Chile: Editorial del Pacífico, 1955). *HAHR*, 37, 119–20.

Willis Knapp Jones. *Breve historia del teatro hispanoamericano.* Manuales Studium, 5 (México: Ediciones de Andrea, 1956). *HAHR*, 4, 522–23; also *RI*, 22, 386–90 (longer review in Spanish).

Juan Zorrilla de San Martín. *Tabaré, an Indian Legend of Uruguary.* Trans. into English verse by Walter Owen (Washington, D.C.: Pan American Union, 1956). *IARB*, 7, 191–92.

1958

Bernard Gicovate. *Julio Herrera y Reissig and the Symbolists* (Berkeley and Los Angeles: University of California Press, 1957). *RI*, 23, 462–65.

Gabriela Mistral. *Selected Poems.* Trans. with an introduction by Langston Hughes (Bloomington: Indiana University Press, 1957). *HISP*, 41, 244.

Diego de Ocaña. *Comedia de Nuestra Señora de Guadalupe y sus milagros.* Estudio preliminar y notas de Teresa Gisbert. Biblioteca Paceña, Cuadernos de Teatro, 1 (La Paz: Alcaldía Municipal, 1957). *HAHR*, 38, 435.

Luis Alberto Sánchez. *Escritores representativos de América*, 2 vols. (Madrid: Gredos, 1957). *BA*, 32, 430.

José Zorrilla. *México y los mexicanos (1855–1857).* Prólogo, notas y bibliografía de Andrés Henestrosa. Colección Studium, 9 (México: Ediciones de Andrea, 1955). *NRFH*, 12, 231–32.

1959

Modern Foreign Languages in the High School. Ed. by Marjorie C. Johnston. Bulletin 1958, No. 16, U.S. Department of Health, Education and Welfare (Washington: United States Government Printing Office, 1958). *MLJ*, 43, 158.

1960

Baldomero Lillo. *"The Devil's Pit" and Other Stories.* Trans. by

Esther S. Dillon and Angel Flores (Washington, D.C.: Pan American Union, 1959). *IARB*, 10, 173–74.

1961

Glen L. Kolb. *Juan del Valle y Caviedes: A Study of the Life, Times and Poetry of a Spanish Colonial Satirist.* Connecticut College Monograph No. 7 (New London, Connecticut: Connecticut College, 1959). *HR*, 29, 162–63.

Marjorie S. Harris. *Francisco Romero on Problems of Philosophy* (New York: Philosophical Library, 1960). *AM*, 18, 199–200.

Ramiro Pinilla. *Las ciegas hormigas.* Colección Ancora y Delfín (Barcelona: Ediciones Destino, 1961). *HISP*, 44, 567–68.

1962

Dámaso Alonso. *Antología: Crítica.* Selección, prólogo y notas de Vicente Gaos. Colección 21, Núm. 9 (Madrid: Escelicer, 1956). *NRFH*, 16, 485–86.

Gabriel Giraldo Jaramillo. *Bibliografía de bibliografías colombianas.* Segunda edición corregida y puesta al día por Rubén Pérez Ortiz. Publicaciones del Instituto Caro y Cuervo. Serie Bibliográfica, 1 (Bogotá: Imprenta Patriótica del Instituto Caro y Cuervo, 1960). *HR*, 30, 264–65.

Modern Brazilian Poetry: An Anthology. Ed. and trans. by John Nist, with the help of Yolanda Leite (Bloomington: Indiana University Press, 1962). *HISP*, 45, 784–85.

Juan Rodríguez Freile. *The Conquest of New Granada.* Trans. into English by William C. Atkinson (London: Folio Society, 1961). *HR*, 30, 247–49.

1963

Homero Castillo y Raúl Silva Castro. *Historia bibliográfica de la novela chilena* (Charlottesville, Va.: Bibliographic Society of the University of Virginia, 1961). *HAHR*, 40, 164.

New Voices of Hispanic America: An Anthology. Ed. and trans. with an introduction by Darwin J. Flakoll and Claribel Alegría (Boston: Beacon Press, 1962). *HISP*, 46, 671.

João Guimarães Rosa. *The Devil to Pay in the Backlands.* Trans. from the Portuguese by James L. Taylor and Harriet de Onís (New York: Knopf, 1963). *SR*, 1 June, p. 24.

Carlos Hamilton. *Historia de la literatura hispanoamericana* (New York: Las Américas, Vol. I, *Colonia y siglo XIX*, 1960; Vol. II, *Siglo XX*, 1962). *HAHR*, 43, 459–60.

Manuel Jato Macías. *La enseñanza del español en los EE.UU. de América* (Madrid: Instituto de Cultura Hispánica, 1961). *HAHR*, 43, 314.

Pablo Neruda. *The Elementary Odes*. Trans. by Carlos Lozano (New York: Las Américas, 1961). *HAHR*, 43, 332.

Víctor Valenzuela. *Cuatro escritores chilenos* (New York: Las Américas, 1961). *HAHR*, 43, 332–33.

Mariano Picón-Salas. *A Cultural History of Spanish America: From Conquest to Independence*. Trans. by Irving A. Leonard (Berkeley: University of California Press, 1962). *HAHR*, 43, 548–49.

1964

Arturo Torres-Ríoseco. *Aspects of Spanish-American Literature* (Seattle: University of Washington Press, 1963). *HISP*, 47, 651–52.

Francis George Very. *The Spanish Corpus Christi Procession: A Literary and Folkloric Study* (Valencia: Estudios de *Hispanófila*, Tipografía Moderna, 1962). *HISP*, 47, 196.

1965

Margot Arce de Vásquez. *Gabriela Mistral: The Poet and Her Work*. Trans. by Helene Masslo Anderson (New York: New York University Press, 1964). *AM*, 22, 223–24.

Celso Láfer. *O Judeu em Gil Vicente*. (São Paulo: Conselho Estadual de Cultura, Comissão de Literatura, 1963). *HISP*, 48, 177.

Selected Poems of Jaime Torres Bodet. Ed. and trans. by Sonja Karsen (Bloomington: Indiana University Press, 1964). *HISP*, 48, 621.

Daniel Cosío Villegas. *American Extremes (Extremos de América)*. Trans. by Américo Paredes (Austin: University of Texas Press, 1964). *HISP*, 48, 620–21.

1966

Jorge Icaza. *The Villagers (Huasipungo)*. Trans. and introduction by Bernard M. Dulsey (Carbondale: Southern Illinois University Press, 1964). *HISP*, 49, 172.

Selected Poems of Rubén Darío. Trans. by Lysander Kemp (Austin: University of Texas Press, 1965). *HISP*, 49, 545–46.

Howard T. Young. *The Victorious Expression: A Study of Four Contemporary Spanish Poets: Miguel de Unamuno, Antonio Machado, Juan Ramón Jiménez, Federico García Lorca* (Madison: The University of Wisconsin Press, 1964). *HISP*, 49, 890.

1967

Earl M. Aldrich, Jr. *The Modern Short Story in Peru* (Madison, Milwaukee, and London: The University of Wisconsin Press, 1966). *AM*, 24, 203–04.

Merlin H. Forster. *An Index to Mexican Literary Periodicals* (New York: The Scarecrow Press, 1966). *MLJ*, 51, 306.

1968

Ana María Barrenechea. *Borges the Labyrinth Maker.* Ed. and trans. by Robert Lima (New York: New York University Press, 1965). *HISP*, 51, 586.

Fernando Díaz Plaja. *The Spaniard and the Seven Deadly Sins.* Trans. from the Spanish by John Inderwick Palmer (New York: Scribners, 1967). *HISP*, 51, 928.

Willis Knapp Jones. *Behind Spanish American Footlights* (Austin: University of Texas Press, 1966). *AM*, 25, 91–92.

Alfonso Reyes. *"Mexico in a Nutshell" and Other Essays.* Trans. by Charles Ramsdell (Berkeley and Los Angeles: University of California Press, 1964). *HISP*, 51, 209–10.

1969

Demetrio Aguilera Malta. *Manuela (La caballeresa del sol).* Authorized trans. and introduction by Willis Knapp Jones (Carbondale: Southern Illinois University Press, 1967). *HISP*, 52, 337–38.

Carlos González Peña. *History of Mexican Literature.* Trans. by Gusta Barfield Nance and Florence Johnson Dunstan, 3rd ed. (Dallas: Southern Methodist University Press, 1968). *SCB*, 29, 10.

1970

Miguel Angel Asturias. *Strong Wind.* Trans. by Gregory Rabassa (New York: Delacorte Press, 1968). *HISP*, 53, 162.

Ramón Díaz Sánchez. *Cumbato*. Trans. by John Upton (Austin: University of Texas Press, 1969). *HISP*, 53, 348–49.

Earl Lovelace. *The Schoolmaster* (Chicago: Henry Regnery Co., 1968). *AM*, 26, 343–44.

Malcolm D. McLean. *Bibliography of Guillermo Prieto: Mexican Poet-Statesman* (Fort Worth: Texas Christian University Press, 1969). *SCB*, 30, 50–51.

1971

Mariano Azuela. *Two Novels of the Mexican Revolution*: The Trials of a Respectable Family *and* The Underdogs. Second printing. Trans. by Frances Kellam Hendricks and Beatrice Berler (San Antonio: Trinity University Press, 1969). *SCB*, 31, 50–51.

1972

Mariano Azuela. *Epistolario y archivo*. Recopilación, notas y apéndice de Beatrice Berler (México: Centro de Estudios Literarios, Universidad Nacional Autónoma de México, 1969). *AM*, 28, 462–63.

Helen Caldwell. *Machado de Assis: The Brazilian Master and His Novels* (Los Angeles and London: University of California Press, 1970). *HAHR*, 52, 710–11.

Harley D. Oberhelman. *Ernesto Sábato*. Twayne's World Authors Series, 123 (New York: Twayne, 1970). *SCB*, 32, 54.

1973

Barbara Bockus Aponte. *Alfonso Reyes and Spain: His Dialogue with Unamuno, Valle-Inclán, Ortega y Gasset, Jiménez, and Gómez de la Serna* (Austin: University of Texas Press, 1972). *HISP*, 56, 1126–27.

Carroll Edward Mace. *Two Spanish Quiché Dance-Dramas of Rabinal*. Tulane Studies in Romance Languages and Literature, 3 (New Orleans: Tulane University, 1970). *SCB*, 33, 57.

Pablo Neruda. *New Poems: 1968–1970*. A bilingual edition. Ed., trans., and introduction by Ben Belitt (New York: Grove Press, 1972). *LALR*, 2, 105–06.

Voices of Change in the Spanish American Theatre: An Anthology. Ed. and trans. by William I. Oliver (Austin: University of Texas Press, 1971). *IARB*, 23, 111–13.

1974

Jane Talbot and Gilberto Cruz. *A General Bibliography for Research in Mexican-American Studies: The Decade of the Sixties to the Present.* Compiled under the direction of Edward Semmen (Edinburg, Texas: Pan American University, 1972). *SCB*, 34, 24.

Rolando R. Hinojosa-Smith. Estampas del valle *y otras obras* (Sketches of the Valley *and Other Works*) (Berkeley, California: Quinto Sol, 1973). *SCB*, 34, 134.

Ruth Wold. El Diario de México: *Primer cotidiano de Nueva España* (Madrid: Gredos, 1970). *REH*, 8, 153–55.

1975

Frank Pino. *Mexican Americans: A Research Bibliography.* Vols. I and II (East Lansing: Latin American Studies Center, Center for International Programs, Michigan State University, 1974). *SCB*, 35, 21.

Mexican-Americans: A Selected Bibliography. Revised and ed. by Office of the Assistant Director for Collection Development (Houston: University of Houston Libraries, 1974). *SCB*, 35, 21–22.

James A. Castañeda. *Agustín Moreto.* Twayne's World Authors Series, 308; Spain (New York: Twayne, 1974). *SCB*, 35, 43–44.

1976

Los clásicos del teatro hispanoamericano. Edición, prólogo y notas de Gerardo Luzuriaga y Richard Reeve (México: Fondo de Cultura Económica, 1975). *LATR*, 9, No. 2, 99–100.

Héctor H. Orjuela. *Bibliografía del teatro colombiano* (Bogotá: Publicaciones del Instituto Caro y Cuervo, 1974). *HISP*, 59, 556–57.

Cecilia Silva de Rodríguez. *Vida y obras de Ermilo Abreu Gómez.* Mexican Monograph Series, 2 (Fort Worth: Texas Christian University Press, 1975). *SCB*, 36, 49.

1977

John S. Brushwood. *The Spanish American Novel: A Twentieth Century Survey* (Austin and London: University of Texas Press, 1975). *IARB*, 27, 281–82.

James C. Maloney. *A Critical Edition of Mira de Amescua's* La fe de Hungría *and* El monte de la piedad. Studies in Romance Languages and Literature, 7 (New Orleans: Tulane University, 1975). *SCB*, 37, 24–25.

1978

David W. Foster and Virginia Ramos Foster. *Manual of Hispanic Bibliography*. 2nd ed. (New York and London: Garland, 1977). *HISP*, 61, 1019–20.

Joaquim Maria Machado de Assis. *Iaiá Garcia*. Trans. by Albert I. Bagby, Jr. (Lexington: The University Press of Kentucky, 1977). *SCB*, 38, 122.

Ibero-American Letters in a Comparative Perspective. Ed. by Wolodymyr T. Zyla and Wendell M. Aycock. Proceedings of Comparative Literature Symposium 10 (Lubbock: Texas Tech Press, 1978). *SCB*, 38, 131.

Miguel Angel Asturias. *The Green Pope [El Papa Verde]*. Trans. by Gregory Rabassa. A Seymour Lawrence Book (New York: Delacorte Press, 1971). *LAD*, 13, No. 1, 6.

Delia Leonor M. Sutton. *Antonio Caso y su impacto cultural en el intelecto mexicano*. Mexican Monograph Series, 1 (Fort Worth: Texas Christian University Press, 1974). *IARB*, 28, 309–10.

Reviews in Press

David William Foster. *Chilean Literature: A Working Bibliography of Secondary Sources* (Boston: G. K. Hall, 1978). *HISP*.

Amadeo de Fuenmayor. *La libertad religiosa* (Pamplona, España: Ediciones Universidad de Navarra, 1974). *JCS*.

Emilio F. García. Hombres de maíz: *Unidad y sentido a través de sus símbolos mitológicos* (Miami: Ediciones Universal, 1978). *SCB*.

Alvaro Manuel Machado. *A novelística portuguesa contemporânea*. Biblioteca Breve, 14 (Lisboa: Instituto de Cultura Portuguesa, 1977). *HISP*.

Reviews in Newspapers

1952

Gerald Brenan. *The Literature of the Spanish People* (Cambridge:

Cambridge University Press, 1951). *MBCT*, 13 January, p. 4.

Dane Chandos. *Journey in the Sun* (Garden City, N.Y.: Doubleday, 1952). *MBCT*, 29 June, p. 4.

1953

MacKinley Helm. *Spring in Spain* (New York: Harcourt, Brace, 1952). *MBCT*, 18 January, p. 10.

James Reynolds. *Fabulous Spain* (New York: Putnam, 1953). *MBCT*, 24 May, p. 9.

1954

V. S. Pritchett. *The Spanish Temper* (New York: Knopf, 1954). *MBCT*, 9 May, p. 4.

1965

Eça de Queiroz. *The Maias*. Trans. by Patricia McGowan Pinheiro and Ann Stevens (New York: Saint Martin's Press, 1965). *SPOT*, 19 December, p. 12.

1966

From the Green Antilles: Writings of the Caribbean. Ed. by Barbara Howes. With introductions (New York: Macmillan, 1966). *SPOT*, 20 March, p. 13.

Julio Cortázar. *Hopscotch*. Trans. from the Spanish by Gregory Rabassa (New York: Pantheon, 1966). *SPOT*, 29 May, p. 11.

The Modern Mexican Essay. Ed. by José Luis Martínez. Trans. by H. W. Hilborn (Toronto: University of Toronto Press, 1965). *SPOT*, 3 July, p. 11.

Eduardo Mallea. *All Green Shall Perish and Other Novellas and Stories*. Ed. with an introduction by John B. Hughes. Trans. from the Spanish by the editor and others (New York: Knopf, 1966). *SPOT*, 6 November, p. 13.

João Guimarães Rosa. *Sagarana*. Trans. from the Portuguese by Harriet de Onís. With introduction by Franklin de Oliveira (New York: Knopf, 1966). *SPOT*, 20 November, p. 11.

1967

Gilberto Freyre. Mother and Son: *A Brazilian Tale*. Trans. from the

Portugese by Barbara Shelby (New York: Knopf, 1967), *SPOT*. 7 January, p. 7.

José Rubén Romero. *The Futile Life of Pito Pérez*. Trans. by William Cord (Englewood Cliffs, New Jersey: Prentice-Hall, 1966). *SPOT*, 2 April, p. 17.

Jorge Amado. *Shepherds of the Night*. Trans. by Harriet de Onís (New York: Knopf, 1967). *SPOT*, 18 June, p. 10.

Jorge Luis Borges. *A Personal Anthology*. Trans. by Anthony Kerrigan, Alastair Reid, Irving Feldman, et al. (New York: Grove Press, 1967). *SPOT*, 16 July, p. 7.

John S. Brushwood. *Mexico in Its Novel: A Nation's Search for Identity* (Austin: University of Texas Press, 1966). *SPOT*, 16 July, p. 8.

Modern Brazilian Short Stories. Trans. with introduction by William L. Grossman (Berkeley: University of California Press, 1967). *SPOT*, 10 September, p. 9.

Juan Rulfo. *"The Burning Plain" and Other Stories*. Trans. with introduction by George D. Schade (Austin: University of Texas Press, 1967). *SPOT*, 31 December, p. 11.

1968

Carlos Fuentes. *A Change of Skin*. Trans. by Sam Hileman (New York: Farrar, Straus and Giroux, 1967). *SPOT*, 7 April, p. 12.

Fernando Díaz Plaja. *The Spaniard and the Seven Deadly Sins*. Trans. from the Spanish by John Inderwick Palmer (New York: Scribners, 1967). *SPOT*, 26 May, p. 15.

Juan Carlos Onetti. *The Shipyard*. Trans. from the Spanish by Rachel Caffyn (New York: Scribners, 1968). *SPOT*, 1 September, p. 13.

1969

Miguel Angel Asturias. *Strong Wind*. Trans. by Gregory Rabassa. A Seymour Lawrence Book (New York: Delacorte Press, 1968). *SPOT*, 22 June, p. 11.

Ramón Díaz Sánchez. *Cumbato*. Trans. by John Upton (Austin: University of Texas Press, 1969). *SPOT*, 7 December, p. 16.

1970

Alejo Carpentier. *War of Time*. Trans. from Spanish by Frances Partridge (New York: Knopf, 1970). *SPOT*, 31 May, p. 13.

Abbreviations

Journals

AL, Alas (Quarterly Bulletin for Association for Latin American Studies)

Ald, Aldus (University of Houston Libraries)

ALSC, Annals of the Southeastern Conference on Latin American Studies (Carrollton, Georgia, West Georgia College)

AM, The Americas (Academy of American Franciscan History, Washington, D.C.)

BA, Books Abroad

BBAW, Boletín de la Biblioteca Artigas-Washington (Montevideo, Uruguay)

BC, Bulletin of the Comediantes

BIFL, The Bulletin of the Illinois Foreign Language Teachers Association

CL, Comparative Literature

FO, Folio (Department of Foreign Languages, State University of New York, Brockport, New York)

HISP, Hispania

Hispano, Hispanófila

HAHR, Hispanic American Historical Review

HR, Hispanic Review

IARB, Inter-American Review of Bibliography (Revista Interamericana de Bibliografía)

IL, Illinois Libraries (Springfield, Illinois)

JAF, Journal of American Folklore

JCS, Journal of Church and State (Baylor University)

JIS, Journal of Inter-American Studies

LAD, Latin American Digest (Arizona State University)

LALR, Latin American Literary Review

LARR, Latin American Research Review
LATR, Latin American Theatre Review
MA, Mid-America (Loyola University, Chicago, Illinois)
MLJ, The Modern Language Journal
NRFH, Nueva Revista de Filología Hispánica
REH, Revista de Estudios Hispánicos
RFH, Revista de Filología Hispánica
RI, Revista Iberoamericana
RR, Romanic Review
SCB, The South Central Bulletin
SR, Saturday Review
Sy, Symposium

Newspapers

MBCT, "Magazine of Books," *Chicago Tribune*
SL, "Suplemento Literário," *Minas Gerais* (Belo Horizonte, Brasil)
SO, The Southwesterner (a weekly, Houston, Texas)
SPOT, "Spotlight," *Houston Post*

Studies

Esthetic, Moral, and Philosophic Concerns in *Sobre héroes y tumbas*

EARL M. ALDRICH, JR.

An arresting feature of Ernesto Sábato's *Sobre héroes y tumbas*, one amply commented on by critics, is its vastness, complexity, and abundance of detail. The essence of Argentina, its history, culture, linguistic peculiarities, and racial backgrounds are explored within a larger context of such universal concerns as man's loss of moral absolutes, his problematical identity, and the dubious, contradictory state of his mental constructs—philosophy, science, politics, and religion. Carlos Catania, who speaks of the book as "el drama del hombre contemporáneo en su totalidad," specifies as follows:

> El crepúsculo, los parques, la madre, los seres humanos sentados en los bancos, el alma, los miedos, las premoniciones, la Argentina, los inmigrantes, la soledad, el fútbol, Borges, lo sencillamente cotidiano, la oligarquía, un simple afiche de la reina Isabel, el marxismo, las instituciones bancarias, el peronismo, la ciencia, la muerte, lo absoluto. . . .
> . . . .
> Todo es materia de reflexión en *Sobre héroes y tumbas*.[1]

The extraordinary thematic contribution provided through this mass of information has, not surprisingly, been thoroughly documented and appreciated. The substantial metaphysical and ideological content of the novel has inclined critics to view it through the lens of Sábato's essays or to prescind certain aspects of that content for consideration apart from artistic concerns. Largely ignored, on the other hand, has been the unusual esthetic accomplishment to be found in the synthesis of that vast amount of detail. The alert reader of *Sobre héroes y tumbas*, like any alert observer confronted with an object of art, finds his mind moving back and forth between particularity and universality, alternating with fascination between the numerous, frequently antithetical fragments and the unusual relationship of these fragments within the whole of the work. It would not, I believe, be inappropriate to compare this artistic impression to that created by viewing an abstract painting in which the details both invite and struggle against our attempts to consider them as a whole. An obvious analogue to Sábato's novel would be Picasso's painting *Guernica* in which the fragments create an immediate and forceful impression of disorder and chaos and only reluctantly yield their thematic unity and compositional balance to the persistent and appreciative observer. *Sobre héroes y tumbas* invites the reader to alternate between individual elements and the structure, between isolated details and the overall system, seeing the relationships of part to whole and above all appreciating the esthetic value occasioned by the extraordinary opposition of complexity to the achievement of synthesis.

Professor Mary Francis Slattery, in her beautifully written study *Hazard, Form, and Value*, provides the tools for such an evaluation through the following theoretical construct:

> Whenever any two things are related in any way whatsoever, five elements are present: (1) the thing that relates; (2) the thing it relates to; (3) whatever is common to them; (4) factors present that are not common and that tend to keep them distinct and separate; and (5) a mind which apprehends the relationship between the two things, and, implicitly, their separateness . . . . Sometimes the discovery of a common bond between them is exciting, or ''affective,'' and sometimes it is not. When it is affective, the likelihood is that ''hazard'' conditions their union. Element (4) is relatively great.[2]

As I have already indicated, the very vastness of *Sobre héroes y tumbas* militates against the reader encompassing it and abstracting from it; yet, one is drawn to the relationships which overcome the obstacles or hazard of diversity, revealing synthesized meaning. The events and characters of what I shall call, for want of a better term, the history and modern condition of Argentina, initially strike the reader with their seemingly isolated, unrelated, even discordant nature. They are fragments, in opposition to union, an opposition which results in part from the rupture of linear time: events of the nineteenth century interrupt, with apparent arbitrariness, scenes of the present. Likewise characters from the past are juxtaposed, often discordantly, with contemporary figures, and contemporary figures are combined casually with one another, as the reader's attention oscillates between Unitarians and Federalists, Peronists and anti-Peronists, *caudillos* and anarchists, representatives of decadent Argentine aristocracy, traditional criollo society, and an assortment of immigrants. Spatially there is alternation between the capital and the interior, between the North and South. Within the narrative structure, then, there are centrifugal and clashing forces which militate against unity, obscure pattern, and present a strong challenge to abstraction and fusion.

At the same time, however, the reader, intrigued by diversity and drawn to find relationships, becomes aware that what seemed casual and of only confined temporal and spatial significance is, in fact, part of a complex constellation of uniquely connected, inter-penetrating elements. The very fragmentation and unexpected jux-taposing of events and characters, in addition to causing the reader to be uniquely aware of their discrete attributes, has led him to a pro-found awareness of their ultimate interrelatedness and unity. The past is perceived not only to have retrospective significance but actual influence. A careful reading of the several eruptions of past into present reveals that they are more than simple flashbacks; they tinge the present with their content. The current-day characters share in the hopes, disillusionments, and other attributes of their nineteenth-century counterparts. The historical dichotomy of nineteenth-century Argentina is perceived, within the narrative, as the genesis and gen-erator of intensified twentieth-century fragmentation and polarization. Furthermore, the very diversity of the characters reveals with ex-quisite irony the true nature of modern Argentina's identity in the work. Thus the perception of synthesis and universality is not defeated by the number and distinctiveness of the particulars; causes, effects, and parallels do come clear so that the relationship between references provides special meaning. Paraphrasing Slattery, one could state that the complexity of the structure taxes unity to the utmost, but it also heightens reader awareness in a unique way and thereby stimulates a special appreciation of the esthetic accomplishment, since "the more differentness to be overcome, the more value of beauty is occa-sioned," or to put it another way, "the more opposed the discordant units of meaning synthesized, the more valuable the resulting fu-sion."[3]

A specific example of unique fusion of discordant units is the depiction of the retreat by Lavalle's men. It will be recalled that on no less than twenty-one occasions in Parts I and IV of the work, fragmentary accounts of that historical episode intrude into the modern time level. Some commentators have objected to this part of the novel, alluding to its failure to cohere with other elements of the narrative system.[4] However, careful observance of that unit which seems to deviate from the overall system in such a way as to render fusion impossible will show that it has, in fact, several logical and artistically pleasing linkages within the narrative structure. The account of the retreat by Lavalle's loyal troop first erupts into a twentieth-century time frame in the setting of the Olmos family home in Buenos Aires during a conversation between Martín, Alejandra, and *el abuelo* Pancho:

—¿General? ¿Qué general?—preguntó Martín a Alejandra.
—Lavalle.
No entendía nada: ¿un teniente inglés a las órdenes de Lavalle? ¿Cuándo?
—La guerra civil, tonto.
Ciento setenta y cinco hombres, rotosos y desesperados, perseguidos por las lanzas de Oribe, huyendo hacia el norte por la quebrada, siempre hacia el norte. El alférez Celedonio Olmos cabalga pensando en su hermano Panchito muerto en Quebracho Herrado, y en su padre, el capitán Patricio Olmos, muerto en Quebracho Herrado. Y también, barbudo y miserable, rotoso y desesperado, cabalga hacia el norte el coronel Bonifacio Acevedo. Y otros ciento setenta y dos hombres indescifrables. Y una mujer. Noche y día huyendo hacia el norte, hacia la frontera.[5]

The first insinuation of this episode is altogether logical, linking as it does the people and period represented by that event with the contemporary remnant of the Olmos family. Alejandra is seen, in particular, as a current product of that heritage. It should also be noted that the recurring presence of the Lavalle historical account in Part I of the novel is kept appropriately within the confines of the Olmos residence, a place filled with spirits of past history, an "antigua quinta" that seems almost anomalous in the Buenos Aires of the 1950s. By virtue of the historical intrusion, the country's past, with its civil strife, setting brother against brother, its broken promises and dashed hopes, is so intertwined with the Olmos family that they are seen to become one. Viewed in this way, the past is not simply interpolated in the present as a simplistic or gratuitous sort of counterpoint but with each successive eruption establishes progressively the subtlety and significance of its influence on and close identification with the present. In the fourth section of the novel, the presence of Lavalle and his troop again impinges on and infuses the modern period. But no longer is that influence manifested basically in the Olmos family, the decadent remnant of nineteenth-century aristocracy. The flight of the defeated legion composed of despairing men who cling stubbornly to the loyalty felt for their general erupts persistently into the decadent and cynical capital and alienated countryside of Perón's Argentina. Again these seemingly spontaneous interruptions, discordant units, if you will, can be perceived as elements of relationship and fusion. Past history forges the present, is integral to the present. There is no distance between the chaos, fighting, and divisions of the nineteenth century and the upheaval and polarization of Perón's Argentina in the 1950s. In an extraordinary passage, after his death, General Lavalle's soul, as it were, speaks to his men:

> . . . *esta tierra, esta tierra bárbara, regada con la sangre de tantos argentinos. Esta quebrada por la que veinticinco años atrás subió Belgrano con sus soldaditos improvisados, generalito improvisado . . . teniendo que enfrentar las fuerzas aguerridas de España por una patria que todavía no sabíamos claramente qué era, que todavía hoy no sabemos qué es, hasta dónde se extiende, a quién pertenece de verdad: si a Rosas, si a nosotros, si a todos juntos o a nadie.* (p. 477)

This speech has the nature of a prophetic utterance, for within the context of the narrative structure it both forthtells and foretells, transcending time. It both depicts and predicts the divided Argentine nation, born out of struggle, inhabited by a divided people which really does not know to whom the country belongs. Both logically and artistically the sense of the above quotation is fused with the following passage, also from Part IV of the novel, which depicts the continued, twentieth-century alienation experienced by immigrants who also do not know really to whom the country belongs:

> ¡La Patria! ¿La patria de quién? Habían llegado por millones de las cuevas de España, de las miserables aldeas de Italia, de los Pirineos. Parias de todos los confines del mundo, hacinados en las bodegas pero soñando: allá les espera la libertad, ahora no serían más bestias de carga. ¡América! El país mítico donde el dinero se encontraba tirado en las calles. Y luego el trabajo

7

duro, los salarios miserables. . . . Esa había sido finalmente la verdadera
América para la inmensa mayoría: miseria, lágrimas, humillación y dolor,
añoranza y nostalgia. (p. 422)

Some obvious parallels also exist between the perilous retreat of
the Lavalle troop northward toward Bolivia and the vicissitudes of
Martín's life, following his loss of Alejandra. Unfortunately, the
relationships, although logically established within the structure,
seem far too contrived to stimulate much artistic appreciation. There
is, however, one very tenuous linkage between these two temporally
disparate elements which adds to the reader's affective experience: a
ray of hope so delicate as to be perceived with some difficulty, one
which has the ephemeral quality of a rainbow. In the case of the
Lavalle troop, the hope for Argentina, and mankind by extension, is
preserved in the loyal and altruistic action of following the dead
commander's plan of battle and sparing his body from desecration at
the hands of the enemy. What practical good will ultimately issue
from this self-sacrificing, courageous action is not readily apparent,
but the act itself seems possessed of a positive quality. The hope
generated and borne in Martín is equally vague and nonreflective. His
countermovement toward Patagonia parallels his growing tendency to
experience the world in a physical way rather than on rational terms.
His hopeful trek southward by no means guarantees the issuance of a
tangible good but qualifies as an affirmative act in and of itself.

These glimmers of hope, which form an unusual, unexpected
relationship between themselves, have affective impact since they
represent fragile, rare deviations from the norm of sadness and gloom
to which the reader has been exposed both in Martín's life and in the
tragic experience of Lavalle and his men; that is to say, they are
analogous to brief but exciting glimpses of a tiny gold vein in dull rock
or a meteor flashing across a dark sky.[6] At the same time, they also
inhere within their environments as that which is unexpectedly pleasing but not out of place.

The third section, entitled "Informe sobre ciegos," would
seem to present the greatest obstacle to unity within Sábato's novel. Its
independent, self-contained nature has caused many critics to wonder
if it contradicts, overshadows, or is unnecessary to the rest of the
novel.[7] Slattery would refer to it as one of those elements so haz-
ardously deviant from the purpose implied by the structure that it

attracts "the reader's attention to the point of endangering its re-advertence to the system." The possible redeeming feature in such an element, one which I see efficaciously at work in the "Informe," is that if one compares it to the rest of the work it is apparent that in its "extreme original grace the whole system is confirmed;" that is to say, the reader retains "the system in general which is newly felt as multiplied in value at the same time that he is teased by the demands made by the graceful deviation upon his notice."[8] To be sure, the "Informe" seems to constitute an obstacle to unity but at the same time it enhances the overall meaning of the work, a fact that becomes especially evident when one ferrets out its linkages with the novel as a whole. Those points of relationship range from small details involving characters to large principles having to do with themes. For example, Fernando's need to exorcize evil so that he can deal with it, albeit bizarrely, outside of himself, parallels fascinatingly Alejandra's attempts to externalize guilt and cope with it by means of her ritual washings. Through this parallel not only is special insight given into the two characters but stimulus is supplied to speculate about evil as an absolute and guilt as a product of original sin, concepts which are now, in the light of the "Informe," more clearly perceived to emanate from the text as a whole. The aleatory nature of Martín's first and subsequent encounters with Alejandra links in a distant but tantalizing way with Fernando's hypothesis regarding the apparently noncausal nature of reality, as it applies to crime and other matters. His journey through the Buenos Aires sewer system provokes the reader's consideration of the full significance of the term *madrecloaca* in Martín's life. In fact, the episode of the sewer system in the "Informe," with its connotations of darkness, corruption, peril, and evil, can be perceived as the symbolic foundation of Buenos Aires' existence and reality. By extension, the reader may perceive that even as the dark, dangerous, chaotic aspects of Argentina's past imbue its present, so the contemporary life of the capital is continually corrupted at its base. The list of such suggestive parallels could be extended to a surprising degree, but it must suffice to conclude with the following observation of how the "Informe" enhances the total appreciation of *Sobre héroes y tumbas*: the Fernando of Part III is not only uniquely an Argentinian and a *porteño*, he is Everyman of the twentieth century, seeking to make sense out of an interior and exterior reality where everything has fallen open to question. He imbues Part III with a universality which subsumes uniquely national concerns and highlights the human condition as it is expressed in the other parts of the book. In short, the "Informe" stimulates us, upon reflection, to move both forward and backward in the text to see how the total meaning is brightened in its light.

Earlier in this essay I made mention of the considerable ideological and metaphysical content of *Sobre héroes y tumbas*, a content which is especially attractive and compelling to the reader who comes to the text with some awareness of philosophical and moral systems. Such a reader will find that the concepts are embedded in the work in a unique fashion so that they not only confirm his previous knowledge of the systems but offer fresh insights and applications. The novel provides an arena for the interplay of the ideas contained in Platonism, scholasticism, existentialism, rationalism, mysticism, Romanticism, nihilism, occultism, fascism, Marxism, capitalism, nationalism, and anarchism. The underlying but significant presence of Freudian and Jungian thought, Einstein's theory of relativity, and the nature and limitations of modern technology is also to be noted. But in the diversity of these concepts one major intellectual concern can be seen to permeate all four parts of the work, coming either explicitly or implicitly through the actions and attitudes of the protagonists: the problem of man who yearns for absolutes but lives in a universe where relativity apparently reigns. All other ideological currents culminate in this major concern, either leading to it or reflecting it. Thus, even the multiplicity of ideological and metaphysical material ultimately finds thematic unity in *Sobre héroes y tumbas*.

It is not surprising that Sábato, the physicist, should be drawn to this fundamental dilemma. The relationship between the physical reality observed and the observer has always been a matter of scientific inquiry and interest. But whereas the eighteenth-century concept of an unchangeable, predictable, always knowable atom provided stability, modern physics implies, in its failure to predict or even describe clearly the action of an electron, that it is not possible for twentieth-century man to give a total and objective account of physical reality. Nature must be perceived as process rather than substance, as constant change rather than permanence. For Sábato, the *pensador*, the metaphysical corollary is of equal import, since human nature, for twentieth-century man, can be inferred to be equally unpredictable, equally unknowable in any complete, totally objective way. Man cannot even know himself, let alone another, in an absolute sense.[9] Further complicating the dilemma is the fact that modern man, having taken God's place at the center of the universe, now finds that his autonomous, subjective self is the center not only of reality but of all value judgment. In this position, he is faced with a mass of particulars but lacks any rational means of providing an authoritative, encompassing, unifying explanation for them. The enormous implications of a relativistic view of reality which is constantly changing to fit the views of isolated, individual observers confront the reader of *Sobre héroes y tumbas* starkly once he begins to recognize them within the fictional setting.

Fernando's bizarre words and deeds, especially those recorded in the "Informe," are generally interpreted as the paranoic outbursts of a madman. But he is best understood by the reader who examines him in the light of mankind's relativistic dilemma. Fernando is a latter-day decadent hero who is willing to pursue remorselessly the epistemology of relativism. His cynical cruelty and nihilism flow precisely from the acutely despairing realization that if man is autonomous and values are relative, then what is, is right. Furthermore, he reveals through his ironic sophistry a total disillusionment with rationality, with logical arguments which can be used to support opposite conclusions with equal force. His attacks on modern technology point up exquisitely the failures that issue from man's inability to construct a meaningfully unified field of knowledge. At the same time, interestingly enough, there is within him a consuming desire for the absolute—even if it is totally corrupt and corrupting—which manifests itself in his desperate attempt to objectify evil, to isolate it, to prove its source. His search, of course, leads him ultimately into himself and into a totally subjective, irrational, noncommunicable, nightmarish experience.

Martín's relationship with Alejandra demonstrates the poignant but futile attempt of any person to know another. He is the observer who longs fully to comprehend the observed; she represents the reality which can never be totally encompassed or fully cognized. Their agonizing attempts at communication continually frustrate the uncomprehending Martín. Her abrupt changes from an apparently chaste, caring person to a cynic who is at home in the company of perverse men confuses him. Their sexual union only serves to widen the gulf between them. In a moment of despair and candor he is moved to confess, "Nunca la conoceré *del todo*" (p. 71; italics mine).

Bruno, the voice of experience, resignation, and detachment, is the relativist par excellence. He sees as clearly as Fernando the implications of the dilemma, but whereas the latter reacts with ferocious self-assertion, the former decides to respond with stoicism. He has long since faced the fact that relativism as the foundation for making judgments is like shifting sand. It is suggested, though never overtly stated, that he sees Martín as the reflection of his own idealistic youth prior to his initiation to the condition of man's nature—his moral limitations, his inability to know truth. Bruno, who thinks frequently about Martín, considers at one point the inevitable disillusionment that he will experience when he begins to see "con horror que el absoluto no existe" (p. 31). In one of his reveries regarding the hopelessness of Martín's attempts to know Alejandra, he asks, "¿ ·. . . no serán todas las esperanzas de los hombres tan grotescas como éstas?" (p. 27). In the same passage he concludes that, given the very nature of the world, frustration and bitterness are the end of every fond hope. But wonder of wonders, those who have been disillusioned seem stubbornly willing to search for another hope to be dashed.

Bruno's observations above lend themselves to a scheme developed in *Escape from Reason*, a provocative study by Francis Schaeffer.[10] On one level of this scheme man understands that rationality leads to despair because it leaves no place for true self-identity, personal significance, purpose, or communion. It is the level of particulars which cannot be related to universals. It is the level where man says that rationally speaking the universe is absurd. But above the line of despair there is an upper level of universals where one can speak optimistically, albeit irrationally, of morals, love, freedom, meaning, and truth. To get from the lower level to the upper, one must take a blind leap of faith, and herein is the dichotomy within the nature of relativistic modern man. Martín takes the leap from reason to irrational hope. Bruno is no longer able to do so.

Sobre héroes y tumbas is both an effective and affective confrontation with humanistic questions, questions of ultimate concern. As such it engages the reader's emotion as well as his intellect, treating him to a passionate presentation of what the author can sincerely and forthrightly communicate. And herein the work differs significantly from a number of other contemporary Latin-American novels which have been categorized as "new narratives." In *Sobre héroes y tumbas* the reader does not find words used in the manner of logical positivists as "gallaxies of concepts," and, although he does not have to think of the characters as real people, he is not forever reminded that they are "painterly images" or "verbal structures."[11] Sábato's novel does not imitate its own processes. It is not continually calling attention to itself as an artifice, self-consciously flaunting its "linguistic opacity" by means of "puns, rhymes, tortuously constructed barrages of verbiage" which bore to distraction. The reader does not have to observe the author "gathering nouns and verbs the way a crow collects paper clips, sending off [his] characters and action to take a long nap."[12] For the author of *Sobre héroes y tumbas* fiction is not pure language, pure texture; it is not a striving for obscurity. And writing is not a morally indifferent act; it is a search for understanding and affirmation.

University of Wisconsin
Madison, Wisconsin

NOTES

[1] *Sabato: Entre la idea y la sangre* (San José, Costa Rica: Costa Rica, 1973), pp. 125, 135. Other works which deal with the novel in a thorough and enlightening way are: Angela B. Dellepiane, *Ernesto Sábato: El hombre y su obra* (New York: Las Américas, 1968); Harley D. Oberhelman, *Ernesto Sábato* (New York: Twayne, 1970).

[2] *Hazard, Form, and Value* (Detroit: Wayne State University Press, 1971), p. 11. Professor Slattery's general theories have inspired many of the esthetic insights into *Sobre héroes y tumbas* developed in this essay.

[3] *Hazard, Form, and Value*, pp. 76, 92, 45.

[4] See for example Sábato's comments on this matter in: María Angélica Correa, *Genio y figura de Ernesto Sábato* (Buenos Aires: Editorial Universitaria de Buenos Aires, 1971), pp. 100, 102.

[5] *Sobre héroes y tumbas*, 4^a ed. (Buenos Aires: Sudamericana, 1966), p. 76; hereafter page references to this work appear in the text.

[6] For further development of this general theory see *Hazard, Form, and Value*, p. 72.

[7] Part III has, in fact, been published separately: *Informe sobre ciegos* (Buenos Aires: Centro Editor de América Latina, 1968).

[8] For the last three quotations, see *Hazard, Form, and Value*, p. 85.

[9] For an interesting study of the influence of modern physics and metaphysics on the contemporary North American novel see: Jerry H. Bryant, *The Open Decision* (New York: The Free Press, 1970).

[10] *Escape from Reason* (Chicago: Inter-Varsity Press, 1968), pp. 46–47.

[11] I find myself using the terms coined by John Gardner in a fascinatingly polemical work on postmodern North American fiction: *On Moral Fiction* (New York: Basic Books, 1978), p. 67.

[12] The last three quotations are from *On Moral Fiction*, pp. 68, 69, 70.

And the Revolution Began

JAMES W. BROWN

. . . and the revolution began. That was at the morning Mass of September 16, 1810; and that war is not over yet, as is only natural, since hardly a little less than a hundred and ten years have gone by.[1]

As a writer and personage of the Mexican Revolution, Heriberto Frías has not often received the attention due him, largely because his name is so closely connected with his first novel, *Tomochic* (1893), and with the political uproar that resulted from its publication, a scandal that nearly cost the young artillery officer his life.[2] Throughout the remainder of his active career, however, Frías' private and political affairs, as well as the products of his pen, continued in the same volcanic manner in which they had begun. One period of his life is particularly noteworthy: during the last months of the Díaz government Frías was among the central cadre of journalists (or *publicistas*, as they preferred to call themselves) who prodded oppositionist opinion and hastened the regime's demise. Of this group only Frías left a novelized account of Mexico at the edge of revolt, a curious mixture of autobiography and symbolic fantasy entitled *¿Aguila o sol?*. Together with Frías' journalistic writings of that same period, this novel shows that of all the writers of the Revolution he most closely resembles Fernández de Lizardi in his critical and satirical attitude, that particularly jaundiced point of view which results from having seen one's society from both above and below.

Frías' lot under the dictatorship had not been a happy one. Because of *Tomochic* he had been court-martialled and nearly executed; then he was cashiered from the army and soon afterwards

15

expelled from the state of Chihuahua by its governor. In spite of his efforts to shake off Díaz' disfavor, it continued to hang upon him like a cloak. Added to this disadvantage were Frías' frequent drinking bouts and unsavory habits, with the result that he found only occasional work. The public recognition brought to him by *Tomochic* fell into eclipse until 1906, when he assumed the editorship of *El Correo de la Tarde* in Mazatlán. There, assured of an outlet for his writings and a degree of independence, he rose to leadership among local oppositionists. In his paper he publicly denounced Díaz' persecution of workers during the Cananea strike and the politically-inspired murder of Cayetano Valdés. In 1909 he led the campaign of José Ferrel against the Federalist candidate for the governorship of Sinaloa. In fact, his articles and speeches were so blunt and outspoken that the new governor, Diego Redo, having taken office after the spurious voting, had Frías unceremoniously driven from the state.[3]

Thus Frías returned to Mexico City as the Madero movement was taking shape. He brought with him strengthened prestige as a journalist, while new editions of *Tomochic, El último duelo*, and a new novel, *El amor de las sirenas*, brought him new fame as a novelist.[4] His powers of descriptive caricature and heavy-fisted satire made him one of the more popular journalists of the city; his Quevedo-like social articles were written to be read allegorically, and when they produced the desired effect, he wrote, "those initiated, the office staff and even the court of those involved know the key, decipher voluptuously . . . and everyone, even the victims, applaud the able chronicler."[5] In his political articles he threw subtlety aside and attacked the dictatorship and all those connected with it, giving full vent to resentment of the persecution and ostracism that he had suffered. As the Palace of Fine Arts (then known as the Teatro Nacional) was nearing completion for the coming Centennial celebrations, Frías interpreted its settling into the marshy subsoil as symbolic of the Díaz government itself. He declared: "That splendid larva, which has devoured so many millions and threatens to gobble up that many more, is growing old woefully and precociously, even before its useless, ultramodern and Babylonic gaudiness is completed," and he opined that its shape reminded him of "a golden helmet, too big and too heavy, that a triumphant party is trying to put on in order to frighten the downtrodden and impress foreigners."[6]

As the 1910 Centennial drew nearer, many journalists were imprisoned, including Frías' friend and editor, Rafael Martínez. During this time Frías, as vice-president of the Prensa Asociada de los Estados, made repeated demands to the President for their release,[7] while his articles nipped continually at the government's flanks. He was at his best when applying his sardonic wit to an otherwise insignificant event, as when certain difficulties in the commissioning of the new national anthem brought these words:

It has been officially declared that there are no Mexican poets capable of producing stanzas of an anthem to the national independence which would be worthy of singing during the Centennial celebration. But the fact is that there are more than enough "poets." One need only go to the offices of the Ministry of Education to be convinced that from His Pontifical Highness [Justo Sierra] down to the lowest, Rubén M. Campos, they are all bards. Yes, there are plenty of them, but what they lack is adherence to the truth, patriotic souls, manly stirrings.[8]

The new engraving of the national emblem, prepared for the commemorative peso, led Frías to observe that it looked like a "tailless turkey eating an earthworm." He also offered an interpretation of the coin's reverse side as symbolic of Mexico's present state, for it contained "a sinking sun, a walking horse, a genie who has released the bridle to carry a torch . . . and in the background a face looking toward the past." He added wryly, "The thought is profound and terrible."[9]

With the Centennial itself, Frías acidly denounced the glitter and blare of the great showcase celebrations which Díaz had hoped would impress the world. Of them he said:

Everything in the recent Centennial celebrations was official, diplomatic and vacuous; everything resounded like something hollow, like dying, bloated bellies, and the gaiety itself wore a grimace of forced laughter, false and contrived.

Within that posturing, swelled by financial strainings and diplomatic gravity, remained the penury of the middle classes, the misery of our working classes for whom there is only hunger, and the sorrow and shame of the people's civic consciousness, contemplating in the glare of gigantic lights and to the sound of bugles and drums . . . the cadaver of public liberty.[10]

On October 4, the Chamber of Deputies announced the reelection of Porfirio Díaz as president and the *científico* Ramón Corral as vice-president; this announcement caused Frías to assail the *científicos*, whom he despised. Having often attacked them before, he now beleaguered them almost daily, calling them the "Neotraitors," "The Fatal Bond," and worse, "Judas, Barabbas and Company." Seeing their rise to power as a catastrophe overshadowing even that of the Díaz dictatorship, he accused them of usurping the position of Díaz himself now that the "perpetual President" was advanced in age, and of introducing their own and particularly malignant tyranny. He further compared Díaz to a doddering King Lear whose court begins to shove him aside while it waits anxiously for him to die: "The court makes ready for the Monarch's funeral, all the while reviling him and whispering 'revolution' in his ear, trying to make him tremble."[11]

While the official newspapers *El Debate* and *El Imparcial* denounced Frías, recalling his unsavory past and christening him "Little Lieutenant Knapsack," he continued his running harangue against the government.[12] On October 29, *El Constitucional* (which he directed while Rafael Martínez was in jail) published his proposal to hold a contest among the Mexican states to decide this question: "Which state suffers the most ignominies?". With his characteristic broad irony, Frías envisioned a closely-run competition. "Just imagine, for example, the rivalry between the bossdoms of Puebla and Yucatán. Neither wants to be less. Each wants to be worse. To one outrage in Puebla they will reply with a triple calamity in Mérida."[13] Meanwhile, *El Constitucional*, now under Frías' editorship, declared itself the official anti-reelectionist paper, reproduced Madero's speeches and declarations, and sold Madero's book *La sucesión presidencial en 1910* as well as plaster and alabaster busts of the contender.

Madero's general uprising, publicly scheduled for November 20 and only three weeks away, caused the Díaz-Corral government to increase arrests and close more opposition newspapers, including *El Diario del Hogar* and *El Mexicano*. Frías, together with Aurea, his new wife of only hours before, escaped from the capital under orders of Madero on October 30, she wrapped tightly in the *rebozo* of an Indian woman and Frías disguised in a policeman's uniform and cape.[14] Now acting less as a journalist and more as a representative of Madero, he wrote in absentia to say that "the jail, in a certain manner, stands before us as a sinister threat; nevertheless, we stand facing the situation, awaiting the triumph of our ideals.''[15] He returned from his post in Coahuila as the Madero revolt advanced, and when it succeeded, he served in the central committee of Madero's party, to be named later Undersecretary of *Relaciones*.[16] As the next few years were to prove, Frías' revolution had indeed begun.

Frías' literary recounting of Mexico at the edge of revolution was finished some ten years later in Spain. *¿Aquila o sol?* was actually his second attempt to write of the Revolution, since a previous manuscript entitled "El diluvio en México" was lost in 1915, when Frías was court-martialled and imprisoned by the *carrancista* government.[17] Through his protagonist, Miguel Mercado (who is Frías himself in this and most of his other novels), the author sums up much of his personal political and social thought while revealing, as does Agustín Yáñez in *Al filo del agua* (1947), a novelist's view of the seething hatreds and tensions that were just beginning to boil over.

The plot derives from an adaptation of Frías' experience in Mazatlán to the general outlines of *Germinal* by Emile Zola, whom Frías admired.[18] Miguel Mercado, a newspaperman and orator, is invited to the city of Mixtlán to deliver a sixteenth of September speech before the townspeople. On arriving, Miguel meets the town council, talks to workers, elders, and shopkeepers, and soon begins to penetrate the placid surface of local life. He comes to know the history of the area and the two warring sides of the Aguila family: one rich, conservative and decadent, the other liberal, energetic, and therefore tyrannized. Of the humbler Aguilas, Mercado meets Gaudelia Ramos, the young and talented singer who has suffered social ostracism by her powerful cousins and the oppressive Mixtlán power structure.

Mercado, whose spirit wavers between that of a combative Quijote and that of a complacent Sancho Panza, finds himself drawn to Gaudelia's spirited patriotism and determines not to deliver the bland *grito* speech expected of him. Instead, his celebration address, heard by the gathered populace, erupts into an oratorical history of the injustices and sufferings of Mexico as exemplified in Mixtlán. The rich in the audience are justly horrified, while the poor applaud wildly. He openly denounces the dominating Aguilas, then Limantour, Corral and Díaz in turn by alluding to the "three eagles in front of the castle at Chapultepec." He describes "one who looks like a wise old owl [Limantour] . . . another who cannot fly too well because he is of the chicken-yard sort ["de Corral"] . . . and one eagle who truly resembles an eagle because he is haughty, has fierce, strong claws, broad wings, and . . . a long beak [Díaz]!'' (p. 285).[19] The ensuing uproar nearly breaks into open riot, and only the cocked and pointed rifles of the troops of the *jefe político* bring order. On the following day, as news of the scandalous event spreads across the republic, Mercado makes his exit from Mixtlán; his words have catalyzed a mood of revolt that cannot be contained.

Insofar as Frías precipitated his own exodus from Sinaloa by campaigning against Diego Redo in 1909, the fictitious city of Mixtlán recalls its near-namesake, Mazatlán, but Frías expressly extends the reference. Mixtlán also symbolizes Mexico, as Mercado acknowledges when he sees "in the small and pretentious town the symbolic but live, warm, painful and defiled condensation of the Mexico of the time" (p. 241).[20] The title, referring to the *volado* or coin-flip and analogous to "heads or tails," can be interpreted on several levels: historically suggestive of Huitzilopochtli, Aztec eagle-god of war, and Quetzalcoatl, deity of learning and civilization, it applies specifically to the Aguila family and its outcast branch descended from the Indian girl Flor de Sol, who was raped by the first Mexican Aguila, a colonial *encomendero*. At the time of the novel's action, young Pepe León Aguila, a spoiled *débauché*, contrasts strongly with Gaudelia, who is often called "Sol de Alegría." All refer inevitably to the Revolution's gamble on the future and its ultimate choice between equality and destruction. In this, Mexico's fateful flip of the coin, Frías assigns heroic roles to the Mexican journalist and the Mexican woman as redeemers of his country's public and home life respectively; he dedicates the work to them (Introd., pp. ii–vi) and incarnates them in the figures of Mercado and Gaudelia.[21]

Much of the novel traces the fictitious but representative history of the divided Aguila family, a perennial conflict between combative liberals—mostly journalists—and conservatives backed by dictators. Currently enjoying the blessings of the Díaz dictatorship is Don Anselmo Aguila, an abulic patriarch who is interested only in horse races and random procreation. Though commonly called "the model rancher," he is incapable of constructive action and allows his land and holdings to deteriorate. A further decline in the lineage is shown by the heir, Pepe León Aguila, who leads a dissolute life in Mexico

City, caught up in that city's particular brand of post-Victorian dandyism.

In general the characters perform a Dickensian function as types and figures. Uncomplicated by subtleties of personality, they serve only to support the allegory in which they move; thus as personalized characters they may seem unidimensional and overdrawn, but as allegorical beings they are convincing, even masterful. So also are minor figures; these are such unabashed caricatures as the brutish *jefe político* Don Pepe Márquez; the super-Catholic Tías Rosarios who habitually appear at wakes, funerals, and deathbeds, dressed always in black, "their flags of mourning" (pp. 100–01). So pervasive is the third-person omniscience of Frías' narrative—due perhaps to his having dictated the novel because of his near-blindness in later years—that these minor figures, town-square sages, and anonymous barflies, are "told about" when we would like to have more dialog; but speaking or not, they reflect a variety of social postures, from that of a priest who has dedicated himself to the meaningful education of the mestizo masses, to that of one of the city elders who looks upon the poor as "millions of beasts, beasts who eat little and produce nothing" (p. 85).

We see among the minor characters the formation of a revolutionary fanatic in the person of Gaudelia's half-brother Antonio, a listless tavern-brawler until he is unexpectedly conscripted into the army. There, serving under cruel and venal officers, he becomes a hostile and envenomed candidate for the upcoming war: "those on the bottom will rise up! It's only fair. When the Revolution comes, those bastards will pay" (p. 222).

It is no coincidence that in Mixtlán one encounters the same claustrophobic sexual tension that is the principal thesis of Yáñez' *Al filo del agua*, and much the same combination of religious prudery, moral hypocrisy, and blustering *machismo* which smother healthy love and family life. Particularly among Mixtlán's middle class the young men avoid marriage through prostitution, seduction, and male bravado, while the eligible women devour one another in frustration and jealousy (pp. 90–97). Only in the poorest homes, we are told, does the "fertility of the race bear fruit in the free, though not very healthy, air" (p. 92).

Standing behind the powerful Aguila family is, of course,

Porfirio Díaz, who had Gaudelia's grandfather murdered years before, then brought Don Anselmo under his control by bringing certain charges against him and holding them pending. Only so long as the "model rancher" supports Díaz and bullies about in his own territory is he free together with his three brothers (a banker, a governor and a general whose shady dealings have earned them the title of "Judas, Barabbas and Company," implying that they are *científicos*) to rule as a local despot.

Frías' portrait of protorevolutionary Mexico extends to the capital in a banquet scene which takes place in Mexico City and at which are gathered the major intellectual and political figures of 1910. This "apocryphal banquet" gives Frías the opportunity to describe or comment upon such men as Francisco Madero, Venustiano Carranza, Félix Díaz, Victoriano Huerta, Felipe de la Serna, Jesús Valenzuela, Amado Nervo, and many others, among whom is "that poor devil Heriberto Frías, Miguel Mercado's friend" (p. 186). Mercado observes those gathered and reflects upon the submissiveness of most, "tamed now, domesticated by the 'bread' and others by the 'stick' of Porfirio, the ex-heroes of the opposition," whereas others, "those least capable of servile elasticity," seemed prepared for their destiny: "the Belén jail . . . exile, the friendly dagger, the crematorium, the stray bullet. . . ." (pp. 176–77). At the place of honor sits Huerta (who has a "face like Huitzilopochtli" [p. 178]) between stiff, haughty Venustiano Carranza and an unknown and obviously nervous youth, of whom an onlooker remarks: "I only know that he is a fellow named Madero. . . . He has a face like a bearded baby. His family is rich, and they call him Loco Panchito. . . . he is also writing a very amusing book, according to his uncle Ernesto; it is called *The Next Presidential Succession*" (p. 183).[22]

As the wine disappears, Huerta is seen to wrap his arms about Carranza and Madero while those nearby overhear fragments of his conversation about "the loyalty of the army . . . make an example of traitors . . . shoot them all," to which Carranza agrees, but Madero replies: "I believe in the army's loyalty. The best policy is honesty and truth. The best punishment is forgiveness." A bystander whispers: "There you have it; he is a poor little lunatic" (pp. 205–06).

This "apocryphal banquet" has nothing to do with the thread of the narrative, except that Mercado is present and that Pepe León

Aguila has paid for it. As a literary device the banquet recalls the common *cēna* of Roman satirists, through which the writers displayed and criticized ostentation, bad manners and poor taste.[23] All these excesses and more are exhibited as Pepe León, thumb in lapel, rises to speak, greeted with approval by some, while others note that he appears half-mad and evidences signs of advanced venereal disease. Pepe, the pseudointellectual parvenu, has underwritten the gathering in order to move into these inner circles, and his oration consists of a pompous and grotesque caricature of reductio ad absurdum positivism and half-digested Nietzschean maxims. Its effect on the audience is no less inflammatory than Mercado's at the novel's climax. Pepe is often interrupted by shouts, both derisive and encouraging, as he toasts "the empire, which is our empire," and decries the lower classes as "pigmies . . . who want land, water, and justice, who deserve only the yoke, chile, beans and pulque, and whom we must fight down . . . with the whip" (p. 200). Nevertheless, his ravings contain an oracle's truth when he predicts imminent war; he exclaims: "Honor . . . to Caesar, because his peace is a glorious prelude, a sowing of seeds that awaits a tragic moistening. . . . To Battle! . . . to defend from the coppery masses the rich lands of Porfirio Augustus!" (p. 200). The guests react predictably; Huerta licks his lips, Carranza remains sphinx-like, Madero rises to protest, and the mystic poet Amado Nervo rolls his eyes heavenward and asks for peace and understanding. Mercado, too, asks himself what will become of these persons in the next few years and what blood they will shed among them (p. 193).

As the somewhat rambling novel concludes, Frías reaffirms his belief that only the basic virtues—work, self-abnegation, and human understanding—can save Mexico in its upcoming trials. Contrary to the positivist tradition in which he himself was educated, a tradition which bred a smug faith in material progress and scientific redemption,[24] Frías insists upon individual responsibility and avers that "neither new institutions, new governments, nor new laws will save the country from its enemies at home and abroad," and that each new citizen should be "free from inherited and acquired poisons: syphilis, alcoholism, rapacity, ambition, and hate," as well as "prejudices and superstitions: democratic and anti-democratic, Catholic and anti-Catholic" (p. 312).

Another simplistic dogma is dealt with in the person of the cattle-breeder Hanssen, an industrious immigrant who was known locally as the "gringo heretic" until Gaudelia converted him to Catholicism. Much in the manner of José Enrique Rodó's *Ariel* (1900), Ricardo Rojas' *La restauración nacionalista* (1909) and José Vasconcelos' *La raza cósmica* (1925), Hanssen hopes that his son Alberto may marry Gaudelia and that the union of races may produce a superior breed after the example of his hybrid cattle, that "Gaudelia, the mestiza wife of a new European Creole who combined his capital with his labor . . . would make upon the ancestral land . . . a model home, forger of new men" (p. 312). In the end, however, Frías implies a repudiation of this idea, much discussed at the time in the above works, for Gaudelia decides to devote herself to the moral and physical rehabilitation of Pepe León Aguila. In this manner Frías reveals his conviction that Mexico's salvation must come from effort and sacrifice, not from a Utopian racial formula.

The novel ends with the certainty that the Revolution has begun in Mixtlán. Frías had planned ¿*Aguila o sol?* as the first volume in a trilogy on the Mexican Revolution in which the two ensuing parts were to carry the titles "El diluvio mexicano" and "La noche y el alba."[25] Without doubt he was reviving his lost novel "El diluvio en México," but his health declined and his two remaining years were not productive. Surely he had much to say, for he had been persecuted by Huerta as a ranking Maderist. Later, as both delegate and newsman at the Aguascalientes convention of 1914–15 and outspoken critic of Carranza, he was tried and imprisoned by the Carrancist regime. We would expect to see Mixtlán's Aguila family continue, with Mercado and Gaudelia, through this unique allegory of the Revolution begun in ¿*Aquila o sol?*. Unfortunately, Frías' death on November 12, 1925, cut short that story, and the loss is ours.

Ball State University
Muncie, Indiana

NOTES

[1] Heriberto Frías as Miguel Mercado, *¿Aguila o sol?* (México: Imprenta Franco-Mexicana, 1925), p. 277. Henceforth citations from this edition are identified in the text by page references only. All translations of works are mine.

[2] For biography, see my *Prólogo, Tomochic,* ed. James W. Brown, Colección Sepan Cuántos, 92 (México: Porrúa, 1968).

[3] Francisco Campaña, "Heriberto Frías," *El Demócrata Sinaloense,* 1 Jan. 1934, p. 10; Francisco I. Madero, *La sucesión presidencial en 1910,* 3ª ed. (México: Bouret, 1911), pp. 198–99; *¿Aguila o sol?,* 154–56; Francisco Monterde, "Escritores contemporáneos: Don Heriberto Frías," *Biblios,* 1, No. 45 (1919), pp. 1–2.

[4] *Tomochic,* 4ª ed. (Mazatlán: Valadés, 1906); *El último duelo,* 2ª ed. (Mazatlán: Valadés, 1907); *El amor de las sirenas* (Mazatlán: Valadés, 1908). The latter had also appeared previously in installments as *Naufragio* in *El Demócrata,* 20 June–7 Nov. 1895.

[5] *Los piratas del boulevard* (México: Botas, 1915), p. 96. This book is a collection of satirical vignettes, many of which are taken from his newspaper articles.

[6] "El hundimiento del Teatro Nacional es un símbolo," *El Constitucional,* 1 May 1910, p. 1.

[7] Various articles in *El Constitucional,* April–October 1910.

[8] "El invernadero oficial," *El Constitucional,* 4 Aug. 1910, p. 1. Rubén M. Campos (1876–1945) was a well-known modernist poet and frequent contributor to *La Revista Moderna.* The general reference is aimed at the group of modernist poets who found sinecures in the ministry under Sierra's direction. Frías held a special aversion for the escapist and pretentious modernists. In addition, he was once refused a post by Sierra.

[9] "El águila convertida en guajalote: Obra de traición," *El Constitucional,* 7 Oct. 1910, pp. 1–2.

[10] "Después del festín: Los clarines y las campanas consagraron el triunfo," *El Constitucional,* 5 Oct. 1910, p. 1.

[11] "Derroche de las más inicuas tiranías," *El Constitucional,* 25 Oct. 1910, p. 1.

[12] "A un periódico del Sr. Vice-presidente de la República: Respondo al reto," *El Constitucional,* 13 Oct. 1910, p. 1; "¡Por fin! ¡Ya era hora! *El Debate* honra a Heriberto Frías," *El Constitucional,* 29 Oct. 1910, p. 1.

[13] "Cuál es el estado que sufre más ignominias? Abriremos un concurso para averiguarlo," *El Constitucional,* 29 Oct. 1910, p. 1.

[14] Interview with Mrs. Aurea Frías, Aug. 23, 1966; "El periodista Heriberto Frías . . . fué juzgado ayer en C. de Guerra," *El Demócrata,* 9 Nov. 1915, pp. 1–2.

[15] "El Partido Anti-reeleccionista: Es el partido del porvenir," *El Constitucional,* 10 Nov. 1910, p. 1.

[16] Jesús Silva Herzog, *Breve historia de la revolución mexicana* (México: Fondo de Cultura Económica, 1965), I, 180–81; interview with Mrs. Aurea Frías, August 23, 1966.

[17] Advertisements in *La Convención,* 5 June 1915 et seq.; Mrs. Aurea Frías, letters to the author dated Nov. 11, 1965, and Jan. 7, 1967.

[18] For Frías' debt to Zola, see my "Heriberto Frías, a Mexican Zola," *Hispania,* 50 (1967), 467–71.

[19] The term "pico largo" means "bigmouthed" and also alludes to Díaz' prominent nose.

[20] Francisco Campaña credits Frías for much of the early oppositionist activity in Mazatlán. See his "Heriberto Frías," *El Demócrata Sinaloense,* 1 Jan. 1934, p. 10, and

"Súrsum corda: Rindamos homenaje a la memoria de H. Frías," *El Demócrata Sinaloense*, 2 May 1934, n.p.

[21] See John S. Brushwood, "Heriberto Frías on Social Behavior and Redemptive Woman," *Hispania*, 45 (1962), 249–53.

[22] This would be *La sucesión presidencial en 1910*. See note 3 above.

[23] Cf. especially Petronius, "Cena Trimalchionis," *Satiricon*; Horace, *Satire* ii, 8: Juvenal, *Satires* v, xi.

[24] Leopoldo Zea, *El positivismo en México* (México: Colegio de México, 1943–44), pp. 74–76.

[25] The cover of *¿Aquila o sol?* advertised these volumes as being in print, though Mrs. Frías assured me that he had not begun them at his death.

Manuel Gutiérrez Nájera: Caballero andante de culturas

BOYD G. CARTER

Hay distintas maneras de viajar, algunas excepcionales. Por ejemplo, Xavier de Maistre hizo un viaje de cuarenta y dos días dentro de su habitación. En *Voyage autour de ma chambre*, afirma: "Le plaisir qu'on trouve à voyager dans sa chambre est à l'abri de la jalousie inquiète des hommes: il est indépendant de la fortune."[1]

Huysmans ensancha los horizontes de Xavier de Maistre hasta incluir en su gira toda la casa, así como algunos lugares de París. Al contrario de X. de Maistre, Huysmans estimula la imaginación de Des Esseintes con accesorios artificiales: una tortuga enjoyada, un órgano de bebidas, comedor transformado en camarote de barco, acuario, flores naturales que imitan a las flores falsas, y así sucesivamente. Su héroe-antihéroe de *A rebours* (1884) mediante las sugerencias de su ambiente artificial puede viajar sin marcharse. "Il se procurait ainsi, en ne bougeant point, les sensations rapides, presque instantanées, d'un voyage au long cours, et ce plaisir du déplacement qui n' existe, en somme, que par le souvenir. . . ."[2]

Los hermanos Goncourt, señores aristocráticos, historiadores del arte japonés, se complacían en efectuar viajes de investigación en el pasado nacional, y en los barrios populares en búsqueda de material exótico que caracterizaban de *document humain*. Se entretenían en buscar menudencias documentales con motivo de evocar una época y

27

su arte desde lo íntimo pintoresco del detalle insólito o normalmente ignorado.

Quizás el escritor hispanoamericano con mayor afinidad con aquellos viajeros inmóviles de la decadencia francesa que se esforzaban por sustituir la realidad por la imaginación, fuera el cubano Julián del Casal. Con ellos compartía el parecer de que el arte y lo artificial son superiores a la naturaleza y de que el viaje soñado es el único digno de hacerse. "Si partiera al instante yo quisiera regresar," escribe Casal en el poema "Nostalgias." La primera estrofa de su poema "En el campo" reza: "Tengo el impuro amor de las ciudades, / y a este sol que ilumina las edades / prefiero yo del gas las claridades."

Hablando de París, "tierra de promisión," un personaje de Julián del Casal dice en el escrito "La última ilusión": "hay en París dos ciudades: la una execrable y la otra fascinadora para mí."[3] La ciudad execrable, afirma, es la que celebra el 14 de julio, se exhibe en la Gran Opera o en la Comedia Francesa, que acude al Instituto o a la Academia en los días de grandes solemnidades, que pide la revancha contra los alemanes, que se enorgullece de la Torre Eiffel y se interesa por la cuestión de Panamá, etcétera.

Por otra parte, la ciudad fascinadora para el personaje, la que adora, es:

el París raro, exótico, delicado, sensitivo, brillante y artificial; el París que busca sensaciones extrañas en el éter, la morfina y el haschisch; . . . el París que visita en los hospitales à Paul Verlaine; el París que erige estatuas a Baudelaire y a Barbey d'Aurévilly; el París que hizo la noche en el cerebro de Guy de Maupassant; el París que sueña ante los cuadros de Gustave Moreau, . . . las esculturas de Rodin; el París que comprende à Huysmans e inspira las crónicas de Jean Lorrain; . . . el París que tiene representado el Oriente en Judith Gautier y en Pierre Loti, la Grecia en Jean Moréas y el siglo XVIII en Edmond de Goncourt. . . .[4]

Con tanto anhelo de ver a este último París que conoce tan bien a través de su expresión cultural, ¿por qué no se marcha el personaje? "Porque si me fuera," dice, "yo estoy seguro de que mi ensueño se desvanecería . . . ; mientras que viéndolo de lejos, creo todavía que hay algo, en el mundo que endulza el mal de la vida. . . ."[5]

De Julián del Casal y de su francesismo, nos dice Rubén Darío:

Cuando "ese joven de mérito indiscutible" recibió una honrosa y fraternal carta de Huysmans, cuando Gustave Moreau reconoció su *Salomé* en los versos del cubano, cuando Verlaine le ha alabado deseando ardientemente su conversión, o más bien su vuelta al catolicismo, yo me he sentido orgulloso y satisfecho.[6]

¿Y Manuel Gutiérrez Nájera, el mayor poeta mexicano del siglo XIX, uno de los prosistas más ilustres de Hispanoamérica? Nació el 22 de diciembre de 1859, en vísperas de la intervención francesa (1861–67) y murió el 3 de febrero de 1895, a medio camino del porfirismo (1876–1911). Inició su carrera como escritor profesional en *El Correo Germánico* en 1876, como autor de poesías y de crítica.[7] Entre sus escritos aparecidos en esta publicación se destaca el artículo polémico ''El arte y el materialismo,'' considerado por muchos escritores como el primer manifiesto del modernismo. El que esto escribe asentó en 1956 el juicio siguiente sobre el significado de este largo ensayo:

Manuel Gutiérrez Nájera tiene derecho al título de precursor teórico del modernismo en el dominio de lo estético por haber tenido y defendido los siguientes puntos de vista: 1⁰ el arte no es imitación sino creación; 2⁰ el artista debe ser libre de escoger su tema y desenvolverlo a su gusto; 3⁰ el objeto del arte es la belleza; 4⁰ la belleza, no siendo una idea sino la imagen de una idea, existe y se logra artísticamente en niveles simbólicos, distintos, superiores; 5⁰ el arte representa el triunfo de Ariel sobre Calibán; 6⁰ la propaganda no tiene nada que ver con el arte; 7⁰ lo utilitario de índole material, es el enemigo implacable del arte; 8⁰ lo bello es útil por ser bello.[8]

Ya en dicho artículo de Gutiérrez Nájera se halla por primera vez en español en Hispanoamérica, que sepamos, una referencia a Baudelaire. No extraña que sea poco elogioso el comentario tomando en cuenta el ambiente sumamente católico y conservador en que nació y creció. Lo que sorprende es que al tener diez y seis años ya había leído a Baudelaire, era crítico literario de un periódico alemán y daba muestra del talento que habría de cuajarse en una obra de estupenda extensión y significado elaborada entre 1876 y su muerte en 1895.

Su comentario sobre Baudelaire se halla en el contexto de juicios desfavorables que asienta el joven sobre la literatura francesa de aquel tiempo: ''las rastreras producciones de Sardou, los repugnantes cuadros de Alejandro Dumas, el asqueroso realismo de la escuela francesa'' (*MGN: Estudios*, p. 138). El texto en que se menciona a Baudelaire reza:

Aun hay poetas que rinden culto a la belleza; aun hay poetas que elevan su espíritu a los celestes espacios del idealismo; aun hay artistas que conservan en toda su pureza el fuego sagrado. Al lado de las "Flores del mal" de Charles Baudelaire, podemos ver aun las "Contemplaciones" de Víctor Hugo. . . . (*MGN: Estudios*, p. 140)

Aun cuando nunca dejó de interesarse por la literatura de Alemania y por su música, notablemente por la de Wagner, extinguido *El Correo Germánico* y con el correr del tiempo extinguida también la hostilidad hacia la Francia por lo de la intervención y el imperio, Manuel se ocupaba cada vez más en estudiar y en comentar las letras, artes y cultura de Francia.

¿Por qué tanto interés en el francés, idioma que sabía Manuel al dedillo, y por la Francia? Es que el dominio que no pudo imponer a México la Francia de Napoleón III, con las armas, logró imponerlo la Francia, metrópoli latina y la Meca de latinoamericanos en el siglo XIX y a comienzos del siglo XX, con su cultura.

Después de derrotado el maximilianismo, quedaron en el país muchos franceses y belgas que se asimilaron a la vida nacional, abrieron escuelas francesas y se hicieron divulgadores de la cultura de sus sendos países. Consigna Luis G. Urbina que al cumplir la pubertad, "Gutiérrez Nájera, como la mayor parte de los muchachos de entonces, había aprendido el francés (¡ah, siempre el francés: ése es el secreto de nuestra transformación!)."[9]

Justo Sierra recuerda como en aquel tiempo sus coetáneos aprendían "el francés al mismo tiempo que el castellano; como en francés podíamos informarnos y todos nos hemos informado, acá y allá, de las literaturas exóticas . . . Gutiérrez Nájera fue de los que más pronto acudieron a esas fuentes. . . ."[10]

A raíz del fallecimiento de nuestro autor se dice en un artículo anónimo (probablemente de la pluma de Carlos Díaz Dufoo) aparecido en la *Revista Azul* que "nadie como él ha llegado en México a profundizar la literatura francesa contemporánea."[11]

Justo Sierra, prologuista de la primera edición de su poesía, al referirse al "francesismo" de su obra, define su aportación a la nueva literatura en estos términos: "Pensamientos franceses en versos españoles, he aquí su divisa literaria, podríamos decir, transformando la de Andrés Chénier."[12]

Posteriormente la crítica, basándose en los pareceres citados de sus coetáneos, se ha complacido en perpetuar el mito de su afrancesamiento. Así para Rubén Darío, "sabía de España y vivía el alma en Francia";[13] para Ventura García Calderón fue "un parisiense de América, su mejor cronista y el primer romántico americano sin golilla."[14]

Otros escritores rechazan hoy día tales conceptos estereotipados de un Gutiérrez Nájera afrancesado. Ofrecemos las afirmaciones siguientes en apoyo del mexicanismo de nuestro autor. Para el mexicano José Luis Martínez es Gutiérrez Nájera "imagen y compendio de la vida en México en su tiempo";[15] para Francisco González Guerrero los temas de sus artículos "eran siempre de reconocida mexicanidad, ya fuesen sociales, políticos, religiosos o literarios. Eran de México o sentidos con espíritu mexicano, y expresados con el lenguaje de su tiempo."[16] Para quien esto escribe, "es un auténtico escritor nacional y no meramente escritor de extraordinario talento que pensaba en francés y escribía en español" (*MGN: Estudios*, p. 80).

¿Por qué tanta equivocación y polémica en torno a la naturaleza, temática, estilo y alcance de la obra de Gutiérrez Nájera? Al parecer, por tres razones principales: primero, el poeta lírico hacía sombra al prosista; segundo, El Duque Job, seudónimo más famoso de las treinta firmas distintas, ya identificadas, con las cuales subscribió sus escritos, ofuscaba al Gutiérrez Nájera prosista, personalidad proteica, calidoscópica, multidimensional, bondadosa, humana.

El Duque Job, aristócrata del gusto y maestro de la prosa elegante, se distinguió por su perfil de *dandy*. Los caricaturistas de la época solían representarle con puro en la boca, gardenia en el ojal de la solapa, bigote con púas, sombrero hongo, nariz gruesa y enorme, y en la mano un bastón. Su credo: elegancia, cortesía, el buen vestir, corrección, rechazo de lo "cursi." Como firma, la de El Duque Job se leía en la prensa con más frecuencia que la de su creador, Manuel Gutiérrez Nájera. Al parecer sacó el seudónimo de la comedia francesa *Le Duc Job* (1859) de León Laya, con versión española por Tamayo y Baus, titulada *Lo positivo* (1862).

Finalmente, por lo inaccesible de la obra de Gutiérrez Nájera, dispersa en los periódicos y revistas de la época, la crítica tuvo que basar sus valoraciones en el poco material disponible o recordado por ser de publicación reciente. No se publicó sino un solo libro suyo durante su vida, *Cuentos frágiles* (1883). El doctor E. K. Mapes nos participa que, en 1936, cuando emprendió su labor de recopilación de los escritos de Gutiérrez Nájera en microfilm, hasta esa fecha no se había publicado de su obra "más que cuatro o cinco volúmenes (descontando las duplicaciones) de entre una masa total de material equivalente quizás a treinta o cuarenta tomos."[17] Desde aquel entonces se ha publicado una docena de volúmenes, constando en su mayoría de escritos inéditos, en prosa.

Con tanto material desconocido ahora accesible, la crítica ya con cada vez más frecuencia pone en tela de juicio el concepto de un Gutiérrez Nájera afrancesado sin preocupación por la cultura nacional. Al contrario de tales preconcepciones nuestro autor era ecléctico en el mejor sentido del término, un verdadero caballero andante de culturas, una inteligencia ávida de conocimientos, abierta a toda expresión cultural, y fecundo asimilador y recreador ingenioso en forma literaria, de manifestaciones de la experiencia humana tanto nacional como cosmopolita.

"¡Por qué artificio maravilloso pudo este hombre escribir tantas cosas!" exclama Amado Nervo. Agrega: "¡Merced a qué conjuro, fue a la vez sociólogo y poeta, economista y literato, humorista y tierno, riente y triste, clown y pontífice, juglar y orfebre . . . !"[18] Observa otro comentarista:

> Poeta, escritor, político, humorista, crítico, artista, todos los géneros los acometía con igual facilidad; pasaba de la sátira fina, nerviosa, incisiva, al artículo de arte y al boletín de combate. Y esto diariamente, alegre y feliz. Escribía dos o más artículos diarios, amén de la labor menuda, gacetilla, entrefilets. . . .[19]

Como cuentista ningún escritor hispanoamericano del siglo XIX le corre parejas. Tampoco como cronista. Fue el mejor poeta mexicano de su tiempo. Con su amigo, el cubano José Martí, fue coiniciador del modernismo en la literatura hispánica entre los años 1875 y 1885. La *Revista Azul* que fundó con Carlos Díaz Dufoo fue el primer órgano del modernismo con circulación y prestigio continental.

Aunque Manuel Gutiérrez Nájera nunca salió de México, así como Xavier de Maistre fue insigne conocedor y catalizador de culturas por medio de los libros, revistas y periódicos recibidos, leídos, asimilados, amontonados en sus mesas de trabajo. Nuestro caballero andante de ideas, de letras, de esteticismos y de problemáticas humanas viajaba en los penachos de humo de su habano a los centros de cultura de nuestro planeta. El mundo que no pudo correr en persona se lo trajo a sí y lo conoció mediante los recursos del arte, de lecturas, de publicaciones científicas y culturales. Su artículo "El cruzamiento en literatura" demuestra el vasto alcance de sus conocimientos literarios y el arranque aventurero de su inteligencia dimensional. Acaso por este artículo y por otros escritos semejantes merece que se le confiera prioridad como el primer comparatista de raza de las letras hispanoamericanas.

Niega Gutiérrez Nájera que en la *Revista Azul* se menosprecie a la literatura española. Afirma que la innegable decadencia de la poesía lírica española depende de la falta de cruzamiento. Esto lo atribuye a la aversión de España "a lo extranjero y a todo el que no sea cristiano rancio." En otro lugar dice:

> Conserve cada raza sus caracteres substanciales; pero no se aísle de las otras ni las rechace, so pena de agotarse y morir. El libre cambio es bueno en el comercio intelectual.
>
> Mientras más prosa y poesía alemana, francesa, inglesa, italiana, rusa, norte y sud-americana etc., importe la literatura española, más producirá y de más ricas y más cuantiosos productos será su exportación.[20]

Si España tiene mejores novelistas que poetas, ello se debe, dice, a la abundancia de traducciones publicadas: Balzac, Flaubert, Stendhal, Jorge Eliot, Thackeray, Tolstói, Zola, Daudet y otros. "En una palabra: la novela española ha viajado y ha aprendido bastante en sus viajes."[21]

Aun cuando de viaje en México, lo que sucedió rara vez, Gutiérrez Nájera viajaba con un denso cortejo de recuerdos literarios. En el artículo que dedica a su viaje a Jalapa, se hallan referencias a Alfredo de Musset, Pablo Bourget, Ignacio Manuel Altamirano, Juan de Dios Peza, José María Roa Bárcena, Francisco Coppée, Teófilo Gautier y otros. Le impresionó sobremanera la niebla de Jalapa. Espigamos en el artículo comentarios tales como: "Mirando, en mañana de niebla, esa bajada al *Dique*, releí la *Sinfonía en blanco mayor* de Teófilo Gautier. . . . La poesía de la niebla, o es lamartiniana o es fantástica, a manera de la de Uhland."[22] Así Manuel

Gutiérrez Nájera, quien, siquiera al viajar en su propia tierra, evocaba de paso la cultura de países que nunca le fuera dado visitar.[23]

Gutiérrez Nájera murió joven y pobre, un vencido del medio, esforzándose por ganarse el pan de cada día en el periodismo de aquel tiempo, con el cajista encima de la cuartilla, el resuello del director en la nuca, y acaso presente en la mente la observación de Larra: "Si es usted hombre que se cansa alguna vez, no sirve para periódicos."[24] Pero a pesar de su agobiadora labor periodística se mantuvo firme en la brecha, hasta morir: infatigable caballero andante de culturas y de la idea, al servicio de la expresión cosmopolita y nacional dentro de sus múltiples facetas y dimensiones.

Texas Tech University
Lubbock, Texas

NOTAS

[1] Xavier de Maistre, *Voyage autour de ma chambre* (Paris: J. Tardieu, 1862), p. 2.

[2] J.-K. Huysmans, *A rebours* (Paris: Pasquelle, 1968), pp. 49–50.

[3] *Revista Azul*, 5, No. 12 (1896), 188.

[4] *Revista Azul*, 5, No. 12 (1896), 188. Acaban de aparecer dos libros de sumo interés con valiosos datos sobre el París finisecular (1890–96) y sobre los dos extranjeros más renombrados de la bohemia parisiense de aquel tiempo: Alejandro Sawa (español) y Enrique Gómez Carrillo (guatemalteco). Los títulos son: *Alejandro Sawa: Mito y realidad* de Allen Phillips (Madrid: Ediciones Turner, 1977); *Enrique Gómez Carrillo en el modernismo: 1889–96* de Arnold R. Ulner (San José, Costa Rica: Editorial Universitaria Centroamericana, 1977).

[5] *Revista Azul*, 5, No. 12 (1896), 189.

[6] Rubén Darío, "Julián del Casal," *Revista Azul*, 3, No. 25 (1895), 394.

[7] El primer número de *El Correo Germánico* apareció el 1⁰ de agosto de 1876, y el último el 14 de octubre del mismo año: en total 33 números. Para datos sobre esta publicación, véase Boyd G. Carter. *En torno a Gutiérrez Nájera y las letras mexicanas del siglo XIX* (México: Botas, 1960), pp. 9–22, 61–75.

[8] Boyd G. Carter, *Manuel Gutiérrez Nájera: Estudios y escritos inéditos* (México: Ediciones de Andrea, 1956), pp. 78–79; obra citada de aquí en adelante como *MGN: Estudios*.

[9] Luis G. Urbina, *La vida literaria en México* (Madrid: Imprenta Sáez Hermanos, 1917), p. 220.

[10] Justo Sierra, Prólogo, *Poesía*, I (México: Establecimiento Tipográfico de la Oficina de Impresora de México, 1896), viii; recopilado en *Poesías completas*, ed. y prólogo de Francisco González Guerrero, I (México: Porrúa, 1953), 1–21.

[11] *Revista Azul*, 2, No. 16 (1895), 245. Este artículo fue recopilado en *Manuel Gutiérrez Nájera: Florilegio crítico-conmemorativo*, eds. Boyd G. Carter y Joan L. Carter, con prólogo y traducción de Margarita Gutiérrez Nájera (hija de Manuel Gutiérrez Nájera) (México: Ediciones de Andrea, 1966), pp. 38–41. Tenía otra hija, Cecilia, que vive todavía, la niña celebrada por José Martí en su famoso poema "Para Cecilia Gutiérrez Nájera y Maillefert."

[12] Véase la nota 12. La divisa de Chénier fue: "Sur des pensées nouvelles faisons des vers antiques."

[13] Rubén Darío, "Galería de modernos," *Buenos Aires*, 2, No. 47 (1896), n.p.

[14] Ventura García Calderón, Prólogo, *Cuaresmas del Duque Job* (París: Librería de la Viuda de C. Bouret, 1922), p. 5.

[15] José Luis Martínez, "Las ideas sociales de Gutiérrez Nájera," *Historia Mexicana*, 10, No. 1 (1960), 95.

[16] Francisco González Guerrero, *Cuaresmas del Duque Job y otros artículos* (México; Ediciones Chapultepec, 1946), p. 13.

[17] E. K. Mapes, "Manuel Gutiérrez Nájera: Seudónimos y bibliografía periodística," *Revista Hispánica Moderna*, 19, Nos. 1–4 (1953), 133. Entre las obras inéditas, en prosa, de Manuel Gutiérrez Nájera, publicadas desde 1936, se cuentan: *Crónicas de Puck* (1942), *Cuentos completos y otras narraciones* (1958), *Crítica literaria I* (1959)—los tres títulos, ediciones de E. K. Mapes con sendas colaboraciones de Francisco González Guerrero, Porfirio Martínez Peñaloza y Ernesto Mejía Sánchez; *Indagaciones sobre Gutiérrez Nájera* de Irma Contreras García (1957); *Escritos inéditos de sabor satírico:* Plato del día (1972), *Manuel Gutiérrez Nájera: Estudios y escritos inéditos* (1956), *Divagaciones y fantasías: Crónicas de Manuel Gutiérrez Nájera* (1974)—los tres últimos títulos de Boyd G. Carter con la colaboración de Mary Eileen Carter sobre *Plato del día; Manuel Gutiérrez Nájera: Crónicas y artículos sobre teatro I; 1876–1880* (1974) de Alfonso Rangel Guerra.

[18] Amado Nervo, Prólogo, *Prosa*, Vol. II de *Obras* (México: Oficina Impresora del Timbre, Palacio Nacional, 1903), p. viii.

[19] *Revista Azul*, 2, No. 16 (1895), 245.

[20] Manuel Gutiérrez Nájera, "El cruzamiento en literatura," *Revista Azul*, 2, No. 19 (1894), 289.

[21] Gutiérrez Nájera, "El cruzamiento en literatura," p. 290.

[22] Manuel Gutiérrez Nájera, "Jalapa," en *Manuel Gutiérrez Nájera: Cuentos color de humo. . . .* , prólogo de Francisco Monterde (México: Stylo, 1948), p. 307.

[23] Brummel (seudónimo de Manuel Puga y Acal) le culpa a Manuel Gutiérrez Nájera el exceso de imaginación en su manera de concebir y de evocar la naturaleza. Véase Brummel, " 'Tristissima Nox,' por M. Gutiérrez Nájera," en *Los poetas mexicanos contemporáneos* (México: I. Paz, 1888), p. 114.

[24] Carlos Díaz Dufoo, "El periodismo por dentro: redactores y directores," *Revista Azul*, 1, No. 22 (1894), 341.

Concerning a *Romance*
of 1612

IRVING A. LEONARD

Among the Inquisition papers preserved in the Archivo General de la Nación at Mexico City is a volume numbered 478 containing numerous items that the Holy Office, with its declared duty to "defend, protect, and maintain the purity of the Holy Faith and Good Morals," had required local booksellers to submit for inspection. They were a series of loose sheets of versified *relaciones* and *romances* and a copy of the short *Soliloquios* of the great dramatist, Lope de Vega, just off the press in Spain in 1612 (symbolizing the promptness with which new publications often reached colonial Spanish America). These ephemeral publications, both pious and secular in nature, were inexpensive elements of the book trade of the viceregal centuries. They served to entertain or inspire properly rather than to instruct the eager purchasers who, knowing no newspapers or magazines, gladly acquired this cheap, light reading matter pertaining to the homeland. Few of these fugitive publications, known to the book dealers of the time as *menudencias*, long survived as they passed from hand to hand. Where paper was a scarce commodity, as was so often the case in the overseas possessions of Spain, these printed sheets were frequently converted to other usages, as they were, for example, by local bookbinders in their trade.

Often pietistic in substance, the Inquisition usually insisted on subjecting them to an inspection for any perceptible taint of doctrinal error, irreverence, or possible blasphemy. In this particular instance the *calificador* regarded all the items on his list as acceptable for public sale, for he reported:

> Por mandado del Inquisidor e visto los soliloquios de Lope de Vega y demas coplas contenidas en la plana de atras y, aunque en ellas ay algunas impropriedades y encarecimientos poeticos, no ay cosa contra la fe ni buenas costumbres, y asi soy de parecer q, sirviendose V S, puede dar licencia a su dueño para q las venda. Mex^{co} 29 de Enero, 1613. El D^{or} Di^{o} de Leon Plaça. (The spelling, capitalization, accents and punctuation in this quotation and in all subsequent quotations are as in the original Inquisition papers numbered 478 in the Archivo General de la Nación.)

A *romance* of curious interest, for both its subject matter and references to the Spanish Indies, was one of these dubiously approved items. It bore the title: "Romance de los cōsejos, que dio vn Soldado a los Moriscos, cerca de emplear sus dineros, para aprovecharse."

The octosyllabic verse forms with alternating lines ending in assonance instead of rhyme were early manifestations of popular poetry in Spanish literature. In the absence of more sophisticated media they were long a means of regaling a both literate and illiterate audience with simplified versions of old legends, anecdotal narratives of incidents and historical events, contemporary and past, with varied themes of piety, and, in short, with almost any subject likely to appeal to the popular taste. The enthusiasm for these ballads was virtually universal in the Spanish world, a fact amply attested by the many collections, called *romanceros*, that appeared on almost every list of book shipments to the New World in the colonial centuries. The richest period of the *romance* seems to have been in the late sixteenth and the seventeenth centuries, when nearly every figure of Spain's Golden Age applied his talent to these popular compositions.

The inspiration of the "Romance de los cōsejos que dio vn Soldado a los Moriscos" was evidently the expulsion of the Moriscos from Spain that was still in progress—reason enough, perhaps, for the Mexican Inquisition to feel the need to examine it. The humiliating Truce of Antwerp, signed on April 9, 1609, ended Philip III's costly effort to dominate the political and religious life of the Low Countries, and he immediately turned his attention to recalcitrant subjects in the Peninsula whom he regarded as a menace to national security. The Moriscos remaining from earlier expulsions were still unassimilated and formed an enclave, particularly in Valencia and Aragon, successfully resisting Christianity and Hispanicization. These Moriscos were relatively prosperous, they had native leaders and a society of rich and poor, and their population was increasing rapidly enough to seem a threat to their Christian neighbors. Moreover, they were almost wholly immune to integration, and, because their spiritual home was outside of Spain, their presence was intolerable to Castilian pride. The Crown moved quickly, organizing an efficient operation of expulsion which allowed the Moriscos to take with them only their liquid assets. By 1614 over 275,000 had departed for North Africa and elsewhere. Thus for subjects in the overseas realms the "Romance de los cōsejos que dio vn Soldado a los Moriscos" had a certain timeliness in its association with a current event in Spain and was likely to claim their interest. As was true of so many of these compositions, it was unsigned and the authorship is unknown. Doubtless acceptable to the Inquisition censorship and to the colonial readers were the opening condemnatory lines of the soldier for those unregenerate countrymen who were allegedly endangering the orthodoxy of the Peninsula and about whom he sardonically declares: "Yo, que vuestro amigo soy, / como el gato de las ratas, / os hago esta memoria. . . ."

> Decendientes de Ismael,
> ya que de la bella España
> por inspiracion de Dios,
> y su Prouidencia sacra:
> De su auxilio os des(h)ereda,
> porque no quiere en su Patria,
> quien en ritos, y apostasias
> tenga tal perseuerancia.
> Ya que el Tercero Filipo
> crisol de la Casa de Austria,
> a quien el Cielo à otorgado
> de Rey Catolico Palma.
> En todo el Reyno à mandado
> por sus Cedulas, y Cartas,
> que como Señor de todo
> todo lo gouierna, y manda.
> Que por traydores, y Herejes,
> dos bien legitimas causas
> para confiscar sus bienes,
> y conuertillos en brasas.
> A España desocupeys,
> porque como gente ingrata
> despues de ochocientos años

> quisistes, darle la paga.
> Ya que por premio os obliga,
> a que lleueys empleada
> la semouiente haziĕda,
> pues os la dexa de gracia.

Having explained the situation, the soldier is disposed to be a little charitable to those who, after all, have lived so long in his *patria*. He therefore offers some unsolicited advice on how the Moriscos might invest the liquid assets that the King is so benignly permitting them to take with them into exile. First he suggests the goods with which they might trade in the countries of Europe:

> Yo, que vuestro amigo soy,
> como el gato de las ratas,
> os hago esta memoria,
> porque al fin soys de mi Patria.
> Por esta podreys saber
> los generos de importancia,
> en que podreys emplear,
> pues vays a tierras estrañas.
> Digo pues, que el que saliere
> para los Reynos de Francia,
> que auenture su caudal
> en crea, ruan, y olanda.
> El que fuere a Inglaterra,
> sepa, que ay mucha demanda
> de paños, vayetas, frisas,
> y de estambre medias calças.
> Si para Flandes salieren,
> lleuen muchas toneladas
> de xeringas, y alfileles,
> de caxcaueles, y flautas.
> Los que fueren a Milan,
> compráran Telas riçadas,
> cosseletes, y arcabuzes,
> porq̃ ay mucha falta de armas.
> Si fletaren a Guinea,
> lleuaràn ropas de Martas,
> pelfas, libros, y comedias,
> porque gustan de ver farsas.

Of special interest are the soldier's references to commercial possibilities in the Spanish Indies for the Moriscos in which he appears to overlook repeated royal decrees strictly forbidding migration to these overseas possessions by persons considered suspect by the Inquisition, notably the Moors and Jews. While this prohibition was frequently evaded, it is wholly unlikely that the Moriscos at this time would enjoy any special favors of the Holy Office or have any likelihood of obtaining a licence for exile in that part of the world. And, too, the soldier's knowledge of the geographical regions of the Indies and their economic opportunities was seemingly limited. It may be wondered how populous Florida was in his mind and what the real possibilities were for a market in amber:

> Y si a las Indias passaren,
> que puede ser, que allà vayan
> forçados de su ambicion,
> pues en el oro idolatran.
> Lleuen para Puertorico
> tabaco, y cueros de vaca,
> y agengibre, porque se,
> que à auido muy gran falta.
> A la Margarita, perlas,
> para la Florida, Ambar,
> çarçaparrilla a Honduras,
> y al Nueuo Reyno esmeraldas.
> Para Campeche, algodon,
> cochinilla a Nueua España. . . .

After offering even briefer suggestions regarding possibilities in China, India, and Malacca, the soldier concludes that the Moriscos would be wiser to cross over to the nearby "Berberia, / que fue vuestra antigua Patria," where they could enjoy a prosperous and safe existence:

> Mas para que gasto tiempo,
> en que mi lengua se cansa,
> disminuyendo partidas,
> diziendo prouincias varias.
> Quien os obliga a surcar
> por las inconstantes aguas
> Y por esta confusion
> digo, que es cosa muy sana,
> passaros a Berberia,
> que fue vuestra antigua Patria,
> Frontero de Gibraltar
> en tres leguas de distancia
> Berberia esta tan cerca,

que se ven sus luminarias.
Y assi con poco trabajo
aquel estrecho se passa
comiendo reziente el pan,
carne fresca, y fresca el agua.
. . . .
Llegareys entre los vuestros,
hablareys en vuestra vsança,
digo, vuestra algarauia,
que fue impossible, oluidarla.
Alli, si quereys, ser moros,
no ay, quien a la mano os vaya
no ay temor de Inquisicion,
ni capisayo con franjas.
Dizen, que en passando allà
direys, que la tierra es santa,
pues que en ella Mahoma
puso sus pessimas plantas.
Que luego renegareys,
y que ya hechos Piratas
vuestros Moriscos baxeles
tocaràn en nuestras playas.
Yo digo, que no hareys tal,
que tengo firme esperança,
que aueys de morir por Dios
cõ firmissima constancia.
Todos mirad, que yo tengo
dada a muchos la palabra,
que soys Catolicos muchos,
no me hagays caer en falta.
Mas quiẽ siẽpre an sido perros
de dentro de nuestra España,
que mucho lo sean allà,
adõde no ay Ley Christiana.
FIN

University of Michigan
Ann Arbor, Michigan

Larra y los papeles sediciosos de fines del siglo XVIII

LUIS LORENZO-RIVERO

Los elementos básicos de la obra periodística de Mariano J. de Larra se integran en una ideología plenamente situada en la vida intelectual de España. Provienen de la cultura nacional, ya que la ideología liberal de la Ilustración le sirve de orientación por medio de las lecturas en su período de formación. Estas se transparentan desde sus primeras tentativas periodísticas a lo largo de toda su vida literaria. Numerosos son los estudios dedicados a señalar las múltiples influencias extranjeras en sus artículos, predominando los que afirman que tienen origen francés. Contribuyeron a formar este mito trabajos, como el de William S. Hendrix, "Notes on Jouy's Influence on Larra," el de Alan S. Trueblood, " 'El castellano viejo' y la Sátira III de Boileau," el de R. Senabre Sempere, "Temas franceses en Larra," y más. Otros presentan más bien su dependencia de los periodistas ingleses del siglo anterior, como "Notas sobre las fuentes literarias del costumbrismo de Larra" de F. Caravaca, y de algún satírico de Roma. Son esporádicos los que le conectan con la tradición literaria española, como Rafael Benítez Claros y recientemente José Escobar.

El propósito de este estudio no es rechazar por completo las teorías de las influencias extranjeras sobre los artículos de Larra. Es evidente que en ciertos casos existe una coincidencia de sentido, de módulo y hasta de estilo entre diferentes escritores extranjeros, como Jouy, Mercier, Steele, Addison, et al., y Fígaro. Ahora bien, Larra

43

fue demasiado original para copiar servilmente a otros escritores. Por eso los Jouy, los Addison, los Quevedo y demás le han ayudado a formarse y, a veces, a burlar la censura. Su obra en conjunto es crítica, satiriza las circunstancias por las que atraviesa la España de su momento. Por lo tanto, el tema político ocupa en ella un lugar primordial. Aquí se presentará la íntima relación que guarda el periodismo de Larra con la prensa clandestina de fines del siglo XVIII. Eso se debe, sobre todo, a la coincidencia de las circunstancias político-sociales y a que la literatura periodística continúa desarrollándose en el siglo XIX de acuerdo con la ideología y concepción de la del siglo anterior. Desafortunadamente, ese periodismo literario todavía está sin estudiar.

Larra fue un lector asiduo de colecciones de periódicos viejos, específicamente los del siglo XVIII y también los del XIX. De ahí que su obra es la mejor expresión de esta nueva corriente literaria. La actitud inicial de Larra permanecerá siempre fiel al propósito de *El Duende Satírico del Día*, prolongándose hasta el final de su vida, pero creciendo en progresiva madurez a la medida que va adquiriendo mayor experiencia. Por lo tanto, es un continuador de ese medio expresivo moderno al mismo tiempo que lo renueva.

El panfleto que alcanzó mayor difusión, entre los papeles sediciosos de fines del siglo XVIII, fue la *Oración apologética en defensa del estado floreciente de España*, conocido desde su primera publicación en 1812 bajo el título de *Pan y toros*. Las copias manuscritas que de este panfleto clandestino circulaban por todo el país evidencian la supervivencia de la corriente crítica de la Ilustración, sofocada en sus exteriorizaciones por las disposiciones del ministro Floridablanca. Se difundió entre 1793 y 1796, años del enfrentamiento militar con la República Francesa. Aparecieron copias en los más variados puntos del reino (Valladolid, Madrid, Alcalá, Valencia, Cádiz, Málaga, Villamil, Pamplona, México, etcétera), provocando la inmediata y asidua persecución de las autoridades, que no consiguen descubrir el verdadero autor. Con la libertad de imprenta aparecen numerosas impresiones, imprimiéndose dos veces en 1812 y tres en 1813, y en 1820 se cuentan más de una docena de ediciones. Además hubo impresiones clandestinas durante la década ominosa y traducciones a otros idiomas: al inglés en 1813, al francés en 1826 y 1837, al alemán y al portugués en 1834.

En 1791 tuvo lugar una fuerte opresión de la prensa periodística, muy similar y antecesora de las ocurridas en 1814 y más aún en 1824. Mientras está en efecto esta última, comienza Larra su carrera de escritor crítico con *El Duende Satírico del Día*. Desde el primer momento, adopta la forma y postura de *Pan y toros* y otros escritos antigubernamentales de la última década del siglo XVIII, nota que será constante en todos sus artículos. La protesta de estos escritos de fines del siglo anterior resulta muy actual en su época. El tema central de esa literatura es, lo mismo que será el de los artículos de Larra, el control político e ideológico de la sociedad, lo cual mantiene a los españoles enormemente atrasados con respecto a los demás pueblos europeos. El sistema absoluto prevalece desviando la atención del pueblo hacia actividades hueras, que es precisamente lo que significa para el autor de *Pan y toros* la fiesta taurina:

> Las fiestas de toros son los eslabones de nuestra sociedad, el pábulo de nuestro amor patrio y los talleres de nuestras costumbres políticas.
> Estas fiestas, que nos caracterizan y nos hacen singulares entre todas las naciones de la tierra, abrazan cuantos objetivos agradables e instructivos se pueden desear. . . .[1]

Lo mismo que significará para Larra a partir de 1827, cuando empieza su vida de escritor público. El panfleto del siglo XVIII representa la culminación de la literatura que desde 1780 combate a los apologistas; en una palabra, es revolucionario igual que lo será después la obra de Fígaro.

El único caso que habla de *Pan y toros* como antecedente de Larra es José Escobar, pero sólo refiriéndose a la relación que tiene con el artículo "Corridas de toros," publicado en el cuaderno tercero de *El Duende Satírico del Día*. La fiesta brava se constituye en el siglo XVIII en un espectáculo organizado, que adquiere tremenda importancia en la vida nacional. Ocurre esto cuando la nobleza abandona la lidia a caballo, la cual se aplebeya hasta convertirse en bárbara. Mientras las demás naciones se divierten e instruyen en el teatro y otros entretenimientos más civilizados, los españoles exhiben su grosería, su crueldad e inhumanidad en el ruedo. Tal actitud molesta a muchos espíritus sensibles, los cuales protestan contra los toros y los ridiculizan. Uno de ellos es León de Arroyal, autor de *Pan y toros*, que condena el aspecto de barbarie que han tomado, convirtiéndose cada vez en un espectáculo más sangriento y repulsivo. En el cuadro de costumbres contemporáneas, que hace Larra en su artículo, presenta el estado desolador en que se halla la sociedad española de su tiempo. El paralelismo de su actitud antitaurina con la de Arroyal es enormemente sorprendente, teniendo en cuenta que en su siglo los medios de atormentar a los animales han aumentado. El anti-plebeyismo y deseo de progreso de *Pan y toros* inspira varios trozos de "Corridas de toros," que a veces casi sólo altera el orden de los elementos componentes de su cuadro antitaurino, emulándolo hasta en el tono de la ironía. El gobierno favorece las corridas, tanto en la época de Carlos IV como en la de Fernando VII, porque el pueblo encerrado en la plaza desahoga su frustración en el espectáculo y olvida la desesperada situación en que vive. En su artículo Larra incluso reproduce un trozo de *Pan y toros*, evidencia de que sigue la ruta marcada por la literatura delatora de fines del siglo anterior situándose en relación directa con la sátira política y social:

> Venga a los toros el chino, y aprenderá a decir mucho en pocas palabras de la perspicacia de los españoles; venga todo el mundo a unas fiestas en que, como dice Jovellanos, *el crudo majo hace alarde de la insolencia; donde el sucio chispero profiere palabras más indecentes que él mismo; donde la desgarrada manola hace gala de la impudencia; donde la continua gritería aturde la cabeza más bien organizada; donde la apretura, los empujones, el calor, el polvo y el asiento incomodan hasta sofocar, y donde se esparcen por el infestado viento los suaves aromas del tabaco, el vino y los orines.*[2]

Lo cita como obra de Jovellanos porque a él se le atribuía por aquella época la paternidad del libelo, lo mismo que se les había atribuido a otros autores antes, hasta que en 1969 François López probó que *Pan y toros* es obra de León de Arroyal, satírico destacado de la Ilustración española. No deja en su panfleto piedra sobre piedra de la España de Floridablanca y Godoy. Condena el fracaso del despotismo ilustrado, el sistema de enseñanza, el absurdo sistema de rentas, la política que sostiene el sistema de gobierno de Carlos IV, etcétera. Larra hace algo muy semejante en tiempo de Calomarde y sus sucesores. Ve en el absolutismo un valladar para la necesaria revolución económica, intelectual y política de España.

Uno de los aspectos más tristes de la vida española de fines del siglo XVIII es la enseñanza. Arroyal y otros ilustrados reconocen que la formación del pueblo es el primer paso necesario para salvar la nación y asegurar su porvenir. Sin embargo, el gobierno de Carlos IV se enorgullece de tener una nobleza ignorante y una enseñanza anticuada y nula:

> Me ha presentado una España muchacha, sin instrucción y sin conocimientos; un vulgo bestial; una nobleza que hace gala de la ignorancia; unas escuelas sin principios; unas universidades fieles depositarias de las preocupaciones de los siglos bárbaros; unos doctores del siglo X y unos premios destinados a los súbditos del emperador Justiniano y del Papa Gregorio IX. (Elorza, p. 18)

Larra piensa exactamente lo mismo en idénticas circunstancias bajo el reinado de Fernando VII. Por eso admite en 1833 que los españoles están orgullosos de no saber nada y de no reconocer a nadie como maestros, para insistir al año siguiente, ya bajo la Regencia, que en España se empeñan en construir una sociedad nueva sobre los fundamentos de la vieja, y eso es imposible. Reconoce que en el presente se han corregido varios de los vicios que afectaban a la educación del siglo anterior; pero eso no es suficiente porque los males centrales continúan todavía. El hecho es que en 1832 su ficticio sobrino sale de la escuela sabiendo apenas leer y escribir, a pesar de recibir una formación de las más esmeradas del momento:

> Este tal sobrino es un mancebo que ha recibido una educación de las más escogidas que en este nuestro siglo se suelen dar; es decir esto que sabe leer, aunque no en todos los libros, y escribir, si bien no cosas dignas de ser leídas; contar no es cosa mayor. . . .[3]

Con respecto a las universidades, no sólo le parecen anticuadas sino que en la década ominosa el ministro Calomarde va más lejos, mandándolas cerrar: "Te doy la enhorabuena porque ya te han abierto las universidades, quiero decir que dejarás de ser autor para volver a tus estudios."[4] Aunque es verdad que estuvieron cerradas un período corto, la acción tiene tremendas implicaciones políticas y sociales. Sobre todo, queda de manifiesto la mentalidad y objetivos del gobierno, cuando al cerrar las universidades manda abrir una escuela de tauromaquia—observación que hace Larra más tarde en "De 1830 a 1836 o la España de Fernando VII hasta Mendizábal."

La opinión de los ilustrados ya era que en la educación se encuentra la transformación de la mentalidad española. Convencidos de ello, son los primeros que tratan de reformar el sistema de la enseñanza con el fin de reconstruir la nación. Su equivocación está en que sus planes eran poco orientados y originales, reduciéndose a versiones desorganizadas de modelos extranjeros. El régimen absoluto de Carlos IV ni siquiera se interesaba en estas modificaciones. De ahí que Arroyal le reprocha el desorientado método de enseñanza: "Las lenguas extranjeras se aprenden cuando se ignora la lengua patria, y por libros franceses se traducen los escritos de los hebreos" (Elorza, p. 19). Luego los liberales a lo largo del siglo XIX con las bases de Quintana someten a cambios la enseñanza. Los románticos pretenden hacer de España por este medio un país culto, pero sus cambios adolecen de los mismos males que los de los ilustrados. Por eso, Larra a fines de 1828 hace un reproche del sistema de enseñanza en lo que va de siglo, que parece un hecho del precedente de *Pan y toros*:

> ¿No pudiera haber hablado *El Correo*, en lugar de sus fruslerías insípidas, de la educación literaria española, tan descuidada, en que no se observa generalmente ningún método, sino muchos errores, como son enseñar las lenguas muertas y extranjeras antes que la propia, no enseñar ésta nunca, lo que vemos muy a menudo; aprenderlo todo en latín, cosa muy útil para no aprender nada, perder doble tiempo y estropear el latín, descuidando el castellano? . . .[5]

La situación continúa durante toda su vida, ya que en 1832 se queja de que los españoles sigan concentrándose en la enseñanza a destiempo de idiomas extranjeros y descuidando el suyo propio. Vuelve a insistir en ello en futuras ocasiones, como en ésta de 1834: "Pues ¿ahora? ¿Eh? Ha de saber el niño en un abrir y cerrar de ojos francés, inglés, italiano, matemáticas, historia, geografía, baile, esgrima, equitación, dibujo. . . . ¡Qué sé yo!"[6]

El provincialismo y el ruralismo de la vida son la tónica del país. La carencia de agricultura, de industria y de comercio crean la miseria, que caracteriza la vida del español. Ese es el cuadro que los escritores de fines del siglo XVIII, como Arroyal, contemplan, por dondequiera que extiendan la vista, y pintan procurando provocar un cambio total:

> Ha ofrecido a mi vista una España niña y débil, sin población, sin industria, sin riqueza, sin espíritu patriótico, y aún sin gobierno conocido; unos campos yermos y sin cultivo; unos hombres sucios y desaplicados; unos pueblos miserables, y sumergidos en sus ruinas; unos ciudadanos meros inquilinos de su ciudad; y una constitución, que más bien puede llamarse un batiburrillo confuso de todas las constituciones. (Elorza, p. 18)

Muy similar es el cuadro que pinta su contemporáneo Juan Picornell en "Manifiesto del pueblo," donde destaca que las muchas miserias y desdichas del pueblo son culpa del gobierno absoluto:

> El pueblo, plenamente convencido de que todas cuantas miserias y calamidades afligen a la Nación, son efectos del mal gobierno, viendo al Estado Eclesiástico vejado, al noble abatido y al plebeyo en la mayor opresión e infelicidad; las ciencias sin protección, las artes sin fomento, la agricultura destruida, el comercio arruinado . . . en suma, viendo el pueblo la administración de justicia enteramente perdida, después de haber esperado en vano por largo tiempo la debida reforma de tantas injusticias y desórdenes . . . se ve en la indispensable necesidad de ocurrir por sí mismo . . . al remedio de tantos males, por ser de otro modo imposible salvar la Patria de la entera ruina que la amenaza. (Elorza, pp. 87–88)

La situación continúa igual durante el primer tercio del siglo XIX, pues Larra sólo ve soledad y desconsuelo; por dondequiera que vaya no encuentra nada ni a nadie. La agricultura y la industria no existen y, por consiguiente, tampoco el comercio:

> Si se exceptúa la Vera de Plasencia y algún otro punto, como Villafranca, en que se cultiva bastante la viña y el olivo, la agricultura es casi nula en Extremadura. La riqueza agrícola de la provincia consiste en sus inmensos yermos, en sus praderas y encinares destinados a pastos de toda clase de ganados. . . .
> La industria no existe más adelantada que la agricultura. . . .
> Una vez conocido el estado de la agricultura y de la industria fácil es deducir de cuán poca importancia será el comercio.[7]

Lo mismo que está diciendo de Extremadura podía decirlo de todas y cada una de las otras regiones de España.

Otra de las causas que mantienen a España atrasada y aislada del resto de las naciones cultas es la muerte de la libertad nacional. Esta ya había sufrido un golpe serio en la ruina de las Comunidades, pero la tiranía política de fines del siglo XVIII la elimina por completo. La libertad y la responsabilidad del poder son totalmente extrañas al absolutismo. Por eso los ilustrados de fines de siglo defienden los derechos humanos de los españoles y claman por su libertad y felicidad, ya sea desde el exilio en Francia, como hace el abate Marchena en 1792 en "A la nación española":

> Soy, señores, la víctima del despotismo inquisitorial, han querido encarcelarme a causa de que me atrevía a amar a la libertad en la vivienda de los carceleros, defendía la tolerancia en el país de las inquisiciones. . . .

. . . .
¿No es hora de que la nación sacuda el intolerable yugo de la opresión del pensamiento? ¿No es tiempo de que el gobierno suprima un tribunal de tinieblas que deshonra hasta el despotismo? (Elorza, pp. 36 y 39)

También desde dentro atacan ese despotismo que encadena los cuerpos y los pensamientos, manteniendo el país en la ignorancia y en la decadencia. Así lo hace Arroyal para lograr el bienestar de sus compatriotas: "Me ha mostrado una España decrépita y supersticiosa, que pretende encadenar hasta las almas y los entendimientos. La ignorancia ha engendrado siempre la superstición, así como la soberbia la incredulidad" (Elorza, p. 24). La situación en este aspecto tampoco cambia con la llegada del siglo XIX. El súbdito seguía dependiendo de la voluntad del tirano, sobre todo desde 1814 al Trienio y después durante el ministerio de Calomarde. Por eso Larra condena en forma semejante y por los mismos motivos la tiranía absolutista:

Pero ¿sabe su gracia cómo estamos en España? ¿Sabe que en España siempre se ha preso y se ha deportado a quien se ha querido? ¿Sabe que hace meses todavía se ha encontrado un hombre en las cárceles de Zaragoza que llevaba treinta y seis años de prisión, y para quien reinaba todavía Carlos IV, a pesar de la abdicación de Aranjuez, a pesar de Napoleón? . . .[8]

Esto se lo dice al viajero inglés en aquel artículo que escribió siendo redactor de *El Español* y que no pudo publicar por la censura. En él contrasta esta falta de libertad bajo el sistema absoluto español con la democracia y los derechos del ciudadano protegidos por la Magna Carta de 1215 en Inglaterra. Tanto Carlos IV, como Godoy, como Fernando VII, como Calomarde, como los demás gobernantes hasta el momento en que escribe esas líneas habían ejercido la suma de los poderes y habían negado todos los derechos al individuo. De todas las libertades, la más importante para esos revolucionarios ilustrados y para Larra es la libertad de imprenta. Opinan que el hombre tiene derecho a pensar y transmitir libremente sus pensamientos a sus semejantes. Piden esta libertad por ser un derecho político reclamado por un pueblo víctima, y por ser un órgano literario exigido por el pueblo ansioso de ilustración. Sin embargo, a pesar de ser proclamada multitud de veces, nunca la tuvieron en sus vidas. De ahí que en 1836 diga Larra: "*Libertad* en literatura, como en las artes, como en la industria, como en el comercio, como en la ciencia. He aquí la divisa de la época, he aquí la nuestra. . . ."[9]

Todo lo expuesto, dejando a parte otros puntos en que estos satíricos coinciden, prueba con toda contundencia que Arroyal, el Abate Marchena, Picornell y Larra coinciden en su afán de progreso, igualdad y libertad social. Todos responsabilizan a los tiranos, ejecutores de la política absolutista retrógrada, por la precaria situación económica, el atraso intelectual y el malestar general de España durante su tiempo. Expresan por igual su desconformidad con las existentes circunstancias por lo mucho que encuentran de reprochable. Esto pudiera parecer a muchos un rasgo de rebeldes e insatisfechos; pero su rebeldía está siempre en sus escritos unida al anhelo de un mundo mejor. Sus ideales son el liberalismo político y cultural, deseando que España alcanzase el nivel político y económico del resto del mundo civilizado. El hecho de que al criticar descubran los males de la patria en vez de ocultarlos no es indicio de antipatriotismo, sino todo lo contrario. Ya Arroyal rechaza en *Pan y toros* los reproches de los apologistas del gobierno, afirmando que su censura tiene por fin conseguir una patria mejor. Lo mismo hace Larra en varias ocasiones, insistiendo en que no quiere hablar mal de España sino retratarla y, si es posible, cambiarla.

Salt Lake City, Utah

NOTAS

[1] Antonio Elorza, Pan y toros *y otros papeles sediciosos de fines del siglo XVIII* (Madrid: Ayuso, 1971), p. 27; obra citada de aquí en adelante como Elorza.

[2] Mariano José de Larra (Fígaro), "Corridas de toros," en *Obras* (Madrid: Atlas, 1960), I, 30.

[3] "Empeños y desempeños," en *Obras*, I, 86.

[4] "Carta de Andrés Niporesas al bachiller," en *Obras*, I, 129.

[5] "Donde las dan las toman," en *Obras*, I, 66.

[6] "Educación de entonces," en *Obras*, I, 332.

[7] "Impresiones de un viaje," en *Obras*, II, 114.

[8] "Carta de Fígaro a un viajero inglés," en *Obras*, IV, 323.

[9] "Literatura," en *Obras*, II, 134.

El uso de la *facezia* italiana
en *Las flores de don Juan*
por Lope

DONALD McGRADY

Para Harvey L. Johnson con grato recuerdo.

Es bien sabido que una de las canteras principales explotadas por los escritores hispanos de los siglos XVI y XVII, para encontrar argumentos, era la *novella* medieval y renacentista de Italia. Mucho trabajo se ha realizado en este campo, sobre todo en la primera mitad del presente siglo, y en especial con relación a Lope de Vega.[1] En las últimas décadas, empero, se ha prestado poca atención a este rasgo fundamental de la comedia, posiblemente porque los críticos, poco conocedores de la novelística extranjera, ya dan por supuesto que se han descubierto todas las fuentes italianas. Resultado de esta falta de investigación a fondo de la *novella* es que se ignora generalmente que Lope—al igual que Shakespeare y otros genios—no siempre se basaba en una sola fuente para componer sus dramas, sino que a menudo fundía elementos de dos (o más) obras en una sola comedia. Ilustración interesantísima de ello se halla en *La francesilla*, pieza que combina fragmentos de una *novella* de Masuccio con el bien conocido drama *Gl'ingannati*.[2] Sin embargo, la influencia de los autores italianos no se limitaba a suministrar los argumentos de las piezas españolas, sino que también proporcionaba muchos de sus cuentecillos intercalados—aquellas obras en miniatura que eran, en cantidad de casos, microcosmos que reflejaban o prefiguraban ciertos rasgos de la acción principal. Pero mientras que los argumentos de la comedia se basaban en *novelle* (cuentos más o menos extensos y de estructura

53

típicamente compleja), los cuentecillos solían derivar de las *facezie* (anécdotas cortas y de estructura sencilla, con un solo núcleo narrativo).

Poco se ha estudiado la función de los cuentecillos en el drama español, sobre todo en lo que respecta a Lope.[3] Milton A. Buchanan inició el análisis de este cariz de la comedia hace ya setenta años, con una recolección de anécdotas de varios autores.[4] En muchos casos Buchanan señalaba la fuente o analogías de los cuentecillos recogidos, pero sin atender a su función dentro de las piezas en que se hallaban incrustados. Merece la pena aludir muy a la ligera a la historia del cuento intercalado, para poder apreciar mejor su uso en manos de Lope de Vega—el asunto que nos preocupa.

Puede decirse que desde los albores de la literatura occidental se ha utilizado la técnica de introducir cuentos independientes en el cuerpo de las narraciones largas y en los dramas. Lo usual es que lo intercalado en la narrativa (a partir de la *Odisea*) no tenga nada que ver con la acción de la obra en que va inserto. Más bien, el propósito de lo intercalado es precisamente distraer al lector con un asunto distinto. En cambio, en el drama (desde Esquilo) se ha solido injertar anécdotas autónomas con el fin de presagiar alguna acción importante, o para trazar un paralelo ilustrativo de una situación de interés particular.[5] Claro está que existen numerosas excepciones a estas normas—más adelante veremos un ejemplo en Lope—pero ya se sabe que las excepciones suelen aceptarse como confirmación de las reglas.

Resulta evidente, por lo tanto, que Lope estaba siguiendo una práctica clásica al introducir cuentecillos en sus comedias para ilustrar o prefigurar una acción importante. Y al fin y al cabo, tal costumbre viene a ser un paralelo exacto de la inveterada usanza de los oradores y predicadores, que desde épocas inmemoriales han introducido anécdotas e historias en sus discursos y sermones, a modo de iluminación de su tema. En uno y otro caso se cumple con el dictado horaciano del *utile dulci* de enseñar y deleitar a la vez.

Ahora vamos a examinar la práctica de Lope tal como se revela en *Las flores de don Juan*, una de las muchas comedias de Lope que poseen apreciables quilates estéticos, pero que aún esperan un detenido examen crítico. En esta obra don Juan, un segundón de buen talle y noble carácter, se halla muy mal tratado por su cruel hermano, el mayorazgo don Alonso. Este acaba de heredar una gran fortuna, pero la disipa pródigamente en juego y mujeres, al tiempo que le niega la más mínima ayuda a su hermano. Don Juan se enamora de Hipólita, la condesa de la Flor, pero como su amor es imposible, a causa de su penuria, resuelve irse a Flandes a luchar en la guerra. Pero su hermano se niega a ayudarle hasta en esto. Entonces don Juan, para sobrevivir, se pone a hacer unas bellísimas flores de seda, las cuales vende su lacayo. Viendo la estoica nobleza de don Juan, la condesa decide renunciar a su proyectado matrimonio con el marqués Alejandro, para casarse con don Juan. Mientras tanto, don Alonso ha hipotecado toda su herencia y se encuentra abandonado por sus falsos amigos de antaño. Don Juan, ahora casado y muy rico, ha adoptado la costumbre de socorrer a todos los hidalgos pobres que le piden ayuda. A pesar del indecible maltratamiento sufrido a manos de su hermano, don Juan lo perdona, desempeña todas sus propiedades (sin que aquél ni siquiera se lo pida), y lo casa con una amiga de su esposa.

Aunque se sitúa en Valencia, *Las flores de don Juan* también une muchos elementos italianos a la evocación de la ciudad del Turia. Por ejemplo, Hipólita, la cónyuge de don Juan, es de origen italiano, y lo es asimismo su antiguo prometido, el marqués Alejandro. A lo último interviene un virrey, pariente de la condesa, que por tanto es persona relacionada con Italia. Además, hacia finales del Acto II don Juan cita unos versos de los dos máximos poetas de aquel país:

> Hay en amor mil engaños,
> Mas si, como el Dante dice,
> ''Amor a ninguno amado
> que no amase perdonó,''[6]
> y el Petrarca, entre sus raros
> versos, ''Que no hay corazón
> de tan duro bronce o mármol
> que no se ablande o se mueva
> rogando, llorando, amando,''[7]
> ya puede, Hipólita bella,
> haber el tuyo tocado.[8]

Esta evocación de la patria de Dante y Petrarca continúa en dos cuentecillos intercalados en *Las flores*, los cuales componen el principal asunto de estas líneas. El primero se intercala hacia el fin del Acto II, y el contexto en el que figura lo forma una conversación entre la condesa y su escudero, el que lleva el resonante nombre de Durango. Este individuo constituye el prototipo de un personaje muy carac-

terístico de la comedia (y de la literatura del Siglo de Oro en general).
Se ha señalado que el escudero "solía ser, en esta época, un hidalgo
pobre, anciano y grave, cuyo oficio principal era acompañar a las
damas. . . . En la Comedia se convierte en un tipo convencional,
ridículo . . . es muy propio del escudero blasonar de la hidalguía de
su familia."[9] Todo esto vemos en el respetable Durango, el cual sufre
(por sus años) de romadizo y tos cuando trasnocha (p. 191b), que
conserva un sosiego y gravedad imperturbables a todo momento, aun
cuando lo regañe un marqués (p. 200c), y que alardea de hidalgo tanto
directa como indirectamente ("Soy montañés," [p. 177b]; asimismo
pondera "el vino / Con un pernil de tocino" [p. 177a], para di-
ferenciarse de los cristianos nuevos). Ahora bien, además de ser un
escudero prototípico, Durango encarna otro tipo ridículo de la época,
sobre todo en la novelística italiana: es un viejo celoso. En un momento de descanso en la acción principal (uno de aquellos remansos
caracteristicos de los segundos actos de Lope), la condesa y una amiga
se ponen a tomar el pelo a Durango, echándole en cara sus años y la
poca edad de su señora. Ambas mujeres recuerdan al escudero lo que
él bien quisiera olvidar, esto es, que tales jóvenes tienen fama de
colocar los cuernos a sus maridos vejetes. Entonces la condesa le
espeta la siguiente pregunta indelicada, con la correspondiente
respuesta de Durango:

Condesa.   ¿Hay remedio para ver
si los hijos de un celoso
son suyos?
Escudero.   Díjome ayer
un hombre un cuento donoso
con que se puede saber.
Condesa.   ¿Cómo?
Escudero.   Un cierto labrador,
cuya mujer (que paría)
nunca estaba sin amor,
de sus hijuelos tenía
que no eran suyos temor.
      Y queriendo averiguar
si era cierta en el lugar
de su mujer la opinión,
halló una cierta invención.
Condesa.   ¿Cómo?

Escudero.	Mandóse castrar,
	porque con esto pensaba
	que si su mujer paría
	sabría si le engañaba.
Costanza.	Costosa invención sería.
Condesa.	Sí, mas seguro quedaba,
	y vos lo podéis hacer.
Escudero.	Yo tengo seguridad
	de la fe de mi mujer.
Condesa.	Si tenéis enfermedad [celos]
	aun puede ser menester. (p. 191d)

Ya señaló Buchanan ("Short Stories," p. 87) que este cuentecillo figura en Poggio, donde se lee lo siguiente con el título "Zelotypus Quidam Se Castravit ut Uxoris Probitatem Cognosceret":

Quidam in civitate Eugubij admodum zelotypus Ioannes nomine, nesciebat, quo maximo modo anima adverteret, si uxor cum altero aliquo consuevisset. Excogitata calliditate zelotypus digna se ipsum castravit, eo consilio, ut si uxor postmodum concepisset, in adulterio fuisse convinceretur.[10]

O, como se lee en la traducción italiana, "Di un geloso che s'evirò per accertarsi dell'onestà della moglie":

Un individuo di Gubbio, chiamato Giovanni, e ch'era assai geloso, non riusciva a scoprire il modo per accertarsi se sua moglie avesse avuto commercio con altri. Il geloso pensò ad un'astuzia degna di sè stesso, e s'evirò, con questo fine, che, se sua moglie fosse poi rimasta gravida, egli sarebbe stato certo del suo adulterio.[11]

Como se ve, la versión de Lope coincide con la de Poggio en los rasgos principales—como es inevitable en la facecia, ya que ésta no puede cambiarse en lo fundamental sin volverse otra cosa. El cuento de Lope modifica ciertos detalles de Poggio, tales como el lugar, el nombre del protagonista y el énfasis (dentro de la facecia misma) sobre los celos del marido. Los nombres de Gubbio y Giovanni (apelativo sinónimo de "bobo" en muchos idiomas) se sustituyen en Lope por el oficio de labrador, mientras que la insistencia sobre los celos se pasa, en parte, a las observaciones preliminares de la condesa, y en parte se transforma en la acentuación del amor de la mujer. Otras pequeñas variantes consisten en que Lope habla de *parir* en tanto que

Poggio menciona la *preñez*, y en que el italiano recalca la estupidez de su héroe. Curiosamente, la versión de Lope (el cuentecillo propiamente dicho, sin el contexto de la conversación con la condesa) es casi exactamente de la misma extensión que la de Poggio.

Dado el gran parecido de ambas facecias, parecería natural suponer que Poggio suministrara el modelo imitado por el Fénix. Sin embargo, la cuestión se vuelve más compleja, ya que Lodovico Guicciardini reprodujo la *facezia* de Poggio en su *L'hore di recreatione* mucho antes de que Lope escribiera *Las flores de don Juan*. Reza así el cuentecillo de Guicciardini, "Spediente mirabile per conoscere se la moglie fa le fusa torte":

> Un pecorone d'Aggobbio havendo sospetta la moglie d'impudicitia, & non sapendo come se ne certificare, ne restava molto perplesso & confuso, ma finalmente trovata un'astutia di sè degna, si fece castrare, acciò che se la moglie facesse più figliuoli, egli per adultera la potesse convincere.[12]

Salta a la vista que la facecia de Guicciardini desciende de la de Poggio (no se conocen otras versiones),[13] pero resulta mucho más difícil determinar cuál de las dos inspiró a Lope. Por un lado, el "si fece castrare" de Guicciardini se parece más al "mandóse castrar" de Lope que al "s'evirò" de Poggio; pero por otra parte, el énfasis sobre los celos en Poggio halla resonancia en Lope, aun cuando Guicciardini lo omite. Afortunadamente, no hay necesidad de devanarnos los sesos tratando de elegir una u otra alternativa, ya que las obras de ambos escritores circulaban en la España de aquel entonces.[14] Lo más seguro, por tanto, es que Lope conociera ambas versiones del cuentecillo.

El aspecto más interesante de esta anécdota no consiste, entonces, en la fuente que utilizara Lope, sino en su función dentro de la comedia. Lo usual, según ya observamos, era que un cuentecillo intercalado subrayara alguna faceta de un drama. Pero en este caso no sucede así, puesto que la facecia solamente tiene por propósito satirizar al escudero Durango, el cual es un personaje secundario, sin ninguna importancia especial para el desarrollo de la trama o del tema. El mayor interés de este cuentecillo estriba en que constituye una excepción a la regla, ya que se intercala por su humorismo intrínseco, y no porque ilumine o presagie algún aspecto importante de la obra.

También forma excepción en el sentido de que el objeto del sarcasmo de la facecia es el mismo que la narra.[15]

El segundo cuentecillo interpolado en *Las flores de don Juan* aparece a mediados del Acto III, y dice así:

> Pareces al hidalgo de quien cuentan
> que tenía un amigo, y en la furia
> de su amistad se retiró a su casa
> y no le habló por más de un año entero,
> ni aun le quitaba, en viéndole, el sombrero.
> Picado el otro, diligencias hizo
> con otro amigo, por saber la causa.
> El tercero le dijo que era cosa
> que en todo aquel lugar causaba escándalo,
> que dijese la causa por qué había
> dejado la amistad de un hombre honrado,
> porque satisfac[c]ión pudiese darle.
> Y después de preguntas y respuestas
> que el discurso duraron de una tarde,
> le dijo así: "Sabed que por entonces
> se me ofreció un camino, y que Fulano
> tiene un rocín que estima y quiere mucho.
> Propuse de pedírsele, mas viendo
> que por quererle había de negármele,
> no le pedí; mirad si tengo causa."
> El otro replicó: "¿Pues sin pedirle,
> por sólo imaginar que os lo negara,
> le habéis quitado el habla?" "¿Y no os parece
> —le respondió el hidalgo—que es muy justo,
> si había de negármele?" De suerte
> que sin probar el [sic] amistad del otro
> tuvo mil quejas y enojado estuvo. . . . (p. 199c–d)

La fuente de este cuento se halla en *Le cento novelle antiche* (o *Novellino*), número 34 ("Come due nobili cavalieri s'amavano di buono amore"), que se desarrolla de esta forma:

Due nobili cavalieri s'amavano di grande amore. L'uno avea nome messere G. e l'altro messere S. Questi due cavalieri s'aveano lungamente amato. L'uno di questi si mise a pensare e disse così: —Messere S. ha uno bello palafreno: se io li le cheggio, darèbbemelo egli? —E così, pensando, facea il partito nel pensiero, dicendo: —Sì, darebbe. [Non darebbe.] —E così, tra 'l sì e 'l no, vinse il partito, che non li le darebbe. Il cavaliere fu turbato e cominciò a venire col sembiante strano, contro all'amico suo. E ciascuno giorno, in pensare, cresceva e rinnovellava il cruccio. Lasciolli di parlare e volgeasi, quando elli passava, in altra parte. Le genti si maravigliavano, ed elli medesimo si maravigliava forte. Uno giorno avvenne che messere S., il cavaliere il quale avea il palafreno, non poteò più sofferire. Andò a lui e disse: —Compagno mio, perchè non mi parli tu? Perchè se' tu crucciato? —Elli rispose: —Perch'io ti chiesi lo palafreno tuo, e tu lo mi negasti. —E quelli rispose: —Questo non fu giammai; non può essere! Lo palafreno e la persona si è tua, ch'io t'amo come me medesimo. —Allora lo cavaliere si riconciliò e tornò in sull'amistade usata, e riconobbe che non avea ben pensato.[16]

Como se ve, Lope sigue bastante de cerca a su modelo, limitándose a modificar algunos detalles sin importancia: la omisión de las abreviaturas de nombre, pequeños cambios en el orden de los sucesos, la intervención de otro amigo, la especificación del tiempo transcurrido, la supresión de los pormenores relativos a la reconciliación. Al contrario de la primera facecia, ésta sí se conforma con la regla de recalcar alguna faceta fundamental de la acción: un camarada le echa el cuento a don Alonso cuando éste vacila en acudir a sus amigos para pedir ayuda con sus deudas. Esto tiene importancia, porque los falsos amigos han de negarle tal auxilio (al igual que don Alonso anteriormente rehusó socorrer a su propio hermano), mientras que don Juan le ha de prestar esta ayuda sin que don Alonso tenga que pedírsela. En otras palabras, este cuentecillo no sólo subraya el cambio en las fortunas de los dos hermanos, sino que pone de relieve la seráfica bondad del héroe, el cual perdona al hermano y lo socorre cuando le faltan sus malas amistades. El compañero de don Alonso le relata la historieta para animarlo a creer que sus camaradas de juerga lo auxiliarán ahora, pero el que lo hace será el hermano por él maltratado. El cuentecillo viene de molde para ensalzar la virtud de don Juan, el de las flores. Y en conjunto, las dos facecias ejemplifican los dos usos que se han hecho del material intercalado desde lo antiguo: la diversión pura, y el énfasis sabiamente puesto en algún aspecto significativo del drama.

University of Virginia
Charlottesville, Virginia

El *uso de la* facezia *italiana en* Las flores de don Juan *por Lope*

NOTAS

[1] Se recoge la bibliografía en Nancy L. D'Antuono, "The Italian *Novella* and Lope de Vega's Comedias," Tesis doctoral Michigan 1974; y en Joseph Siracusa y Joseph L. Laurenti, *Relaciones literarias entre España e Italia: Ensayo de una bibliografía de literatura comparada* (Boston: G. K. Hall, 1972).

[2] Véase la Introducción de mi edición crítica de *La francesilla*, de próxima aparición.

[3] En cambio, existe un extenso estudio del asunto en Calderón. Véase Uta Ahmed, *Form und Funktion der 'cuentos' in den Comedias Calderons* (Berlin: Walter de Gruyter, 1974).

[4] Milton A. Buchanan, "Short Stories and Anecdotes in Spanish Plays," *Modern Language Review*, 4 (1908–09), 178–84, y 5 (1910), 78–89.

[5] Para un breve bosquejo de la historia de los cuentecillos intercalados, véanse J. D. M. Ford, "Plot, Tale and Episode in *Don Quijote*," en *Mélanges de linguistique et de littérature offerts à M. Alfred Jeanroy par ses élèves et ses amis* (Paris: E. Droz, 1928), pp. 311–23; Ben Edwin Perry, ed. *Babrius and Phaedrus* (Cambridge: Harvard University Press, 1965), pp. xii–xiii; Donald McGrady, *Jorge Isaacs* (New York: Twayne, 1972), pp. 133–39.

[6] Cf. "Amor, ch'a nullo amato amar perdona" (*Inferno*, Canto v, v. 103).

[7] Cf. "Non è 'si duro cor che lagrimando, / Pregando, amando talor non si smova . . ." (*Rime*, núm. 265, vv. 12–13).

[8] Lope de Vega, *Las flores de don Juan*, en *Obras de Lope de Vega*, XII (Madrid: Sucesores de Rivadeneyra, 1930), p. 193a-b (puntuación modificada por nosotros). Las demás referencias de la comedia se incorporarán en el texto.

[9] Victor Dixon, ed., *El sufrimiento premiado* (London: Tamesis, 1967), p. 135. Cita bibliografía sobre el escudero.

[10] Poggio Bracciolini, *Facetiae*, en *Opera omnia*, ed. Riccardo Fubini, I (Torino: Bottega d'Erasmo, 1964), p. 478 (núm. 225).

[11] Poggio Bracciolini, *Facezie*, trad. Francesco Cazzamini Mussi (Roma: A. F. Formiggini, 1927), p. 143 (núm. 224).

[12] Lodovico Guicciardini, *L'hore di ricreatione*, ed. revisada (Anversa: s.i., 1583), fol. 77^V. La primera edición es de 1565, y hay una rarísima traducción española de 1586, publicada en Bilbao (la cual no hemos podido consultar). *Las flores de don Juan* data de 1616.

[13] Véase D. P. Rotunda, *Motif-Index of the Italian* Novella *in Prose*, Indiana University Publications Folklore Series, No. 2 (Bloomington: Indiana University Press, 1942), p. 24. Bajo el motivo H492.3.* *Husband castrates himself to test his wife's faithfulness* sólo se mencionan los cuentos de Poggio y Guicciardini.

[14] Consúltese, por ejemplo, el Indice de Marcelino Menéndez y Pelayo, *Orígenes de la novela* (Madrid: Consejo Superior de Investigaciones Científicas, 1943).

[15] William L. Fichter cita este cuentecillo para apoyar su afirmación de que "peasants are thus often made the butt of ridicule in matters of conjugal fidelity" en el teatro de Lope (*Lope de Vega's* El castigo del discreto: *Together with a Study of Conjugal Honor in His Theater* [New York: Instituto de las Españas en los Estados Unidos, 1925], p. 41, n. 54). El ejemplo no vale (al igual que el principio enunciado), ya que "se trata, expresamente, de 'un cuento donoso,' y no de un personaje de la comedia," según dice Augusto A. Portuondo ("¿Escribió Lope de Vega *La aldehuela y el gran prior*?," *Hispanófila*, 47 [1973], 42).

16 *Le cento novelle antiche o Libro di novelle e di bel parlare gentile: Novellino*, ed. Letterio di Francia (Torino: Unione Tipografico-Editrice Torinese, 1930), pp. 62–63. El cuento aparece en Rotunda como el motivo H1558.6.* *Test of friendship: the imagined refusal*. Rotunda no registra analogías.

La mexicanidad de
Juan Ruiz de Alarcón

DOLORES MARTÍ DE CID Y JOSÉ CID-PÉREZ

No se ha enfocado debidamente la mexicanidad de Alarcón, y estamos muy lejos todavía de haber dicho la última palabra. Durante su vida publicó dos colecciones de comedias, una de 1628 y la otra de 1634. No están seguros los estudiosos si se le deben atribuir veinte o veinticinco.

La maestría de su arte se muestra de modo más completo en las comedias de carácter, en donde se vislumbra su acento personal en la psicología de los personajes y la intención moral, entrelazadas con verdadero equilibrio y propiedad en obras como *No hay mal que por bien no venga, El examen de maridos* y otras. Entre las más destacadas se reputan *Las paredes oyen* y *Ganar amigos*. Algunos opinan que, por sobre todas, se debe considerar *Don Domingo de don Blas*; pero, en general, hay casi unanimidad en destacar a *La verdad sospechosa*, no sólo como una obra cumbre, sino como precursora, dentro del teatro europeo, iniciadora de las comedias de costumbres y además de una factura perfecta que ejerce una poderosa influencia en los autores extranjeros. Inspira *Il bugiardo* al italiano Carlo Goldoni. Pierre Corneille, el famoso dramaturgo francés, confesó que hubiera cedido su mejor comedia por la satisfacción de haberla escrito, y es su obra del mismo tema, *Le Menteur*, la que propicia nada menos que la vocación teatral en Molière. Podrían enumerarse muchas opiniones de grandes críticos celebrando esta comedia, orgullo del teatro mexicano.

No es el tema religioso, como en los autores españoles del Siglo de Oro, de los primordiales en su teatro, aunque alguna de sus obras cabría en esta clasificación. Por otra parte cultivó las comedias heroicas y las de capa y espada, con las complicaciones que les son peculiares.

Diversas Opiniones

Para la historia de los diferentes criterios resultan muy aclaradores los artículos de Antonio Alatorre,[1] pero a nosotros no nos interesa tanto el constatar lo que se ha dicho, en un sentido o en otro, defendiendo la hispanidad o la mexicanidad de Alarcón, sino por qué se ha dicho, atendiendo a qué motivaciones o fundamentos o razonamientos defiende cada uno su tesis. En algunas opiniones existe como el afán de amor patrio de apoderarse de la figura de Alarcón o para España o para México, porque es un autor que tiene gran categoría. Este punto de partida es halagüeño, indica interés en él, y, al mismo tiempo, es peligroso. Ni es mexicano porque nació en México, como creía José María Vigil; ni español porque se formó en España, como pretendía Menéndez y Pelayo—lo cual no es exacto porque no se formó del todo en España—o el criterio de aquellos que creen que no es mexicano porque no alude *directamente* a México en su obra.

Angel Valbuena Prat precisa ciertos aspectos de su psicología y comprende que su mexicanismo no puede basarse ni en el "color local" ni en "el número de citas," sino en algo más profundo.[2] Y en esto, por supuesto, que acierta. Ermilo Abreu Gómez dice que en la época de Alarcón no había mexicanidad. Castro Leal, completando y aminorando esta opinión, explica que no se sabe cuándo, verdaderamente, se llega, en un momento dado, a la creación de un "tipo nacional." Luis G. Urbina piensa que el "bloque de piedra que es Alarcón le pertenece a México, aunque España pudo cincelar la escultura."[3] Aquí está uniendo los dos mundos. Lo mismo hace Alfonso Reyes, quien, aceptando la tesis de Henríquez Ureña basada en factores psicológicos y sociológicos, la considera "arriesgada" en algunos aspectos, la mira con "reservas," y no se conforma con plantear el problema étnico-social, pues cree que se debe atender a lo lingüístico. Efectivamente no se puede descuidar este aspecto intrínseco de la interpretación literaria. Joaquín Casalduero llega a esta conclusión: "Sólo incluída dentro de la comedia española del Barroco se comprende el teatro de Alarcón en el cual es imposible discernir ni el lugar de su nacimiento ni su origen conquense."[4] Estamos de acuerdo con incluir a Alarcón "dentro de la comedia española del Barroco" pero sin el "sólo" exclusivista y excluyente; porque bien es verdad que recibe influencias del barroco hispanoamericano que tiene sus matices perfectamente definidos. Se ha aceptado ya, sin reservas, la influencia de las artes plásticas precolombinas en el arte colonial. ¿Por qué no se ha de aceptar la presencia cultural del indio en la literatura? ¿Por qué enjuiciarla por características aisladas, cuando constituye un todo que todavía es más totalizador que en cualquier otro arte, puesto que su instrumento es, precisamente, la palabra?

El asunto, creemos, que se debe plantear enjuiciando el hecho literario del teatro de Alarcón desde un punto de vista no sólo extrínseco (estudios históricos, biográficos, psicológicos, sociológicos, paleográficos, etcétera) sino intrínseco también, considerando a la obra en su modo de ser, como centro de sí misma, en una síntesis de sus valores estilísticos, de su esencia.

Aspectos Culturales y Lingüísticos

Se sabe que en 1556 había en Ciudad México trescientos mil indios y sólo mil quinientos españoles. Aunque esta última cifra había aumentado en la época de Alarcón, ya a fines de aquella centuria no se puede negar la influencia cultural masiva que esos números representan. Específicamente está constatada la invasión de vocablos indios en el español colonial, pero las contaminaciones, las implicaciones culturales rebasan el aspecto léxico. Y ¿por qué no iba a recibir influencias del pensamiento precolombino, que en tantas ocasiones se fusionó con las obras cristianas de los primeros tiempos y del propio teatro de los misioneros?

A la llegada de los españoles a América, la cultura de los indios en los pueblos más avanzados estaba en niveles mucho más altos que en los pueblos europeos durante el ciclo de la conquista de Roma sobre los mismos. A pesar de eso, en las distintas regiones en donde se iniciaron las lenguas romances quedó el *substratum* de aquellas lenguas prelatinas. Por supuesto que el fenómeno lingüístico es diferente. El español está formado bajo la influencia determinante del latín, y el náhuatl en México era una lengua escrita bien evolucionada que se siguió cultivando, la cual sufre una etapa de contaminación con la cultura europea entre 1521 y 1600 y una especie de renacimiento entre 1600 y 1750, para iniciarse después su decadencia y fraccionamiento. Aparte de aquellos indios cultos que adaptaron el alfabeto español a su lengua, estaba la masa del pueblo mexicano que no sólo continuaba comunicándose en ella, sino que hablaba un español bien teñido de las influencias de la misma, como sucede siempre que se ponen en contacto pueblos de hablas diferentes. ¿Por qué se reconoce el *substratum* de las lenguas prelatinas y no la influencia del náhuatl en el español de México?

Con referencia a Alarcón, Dorothy Schons nos aclara:

> We have no positive proof that he knew Mexican, but we may infer that he did. It would be strange that Alarcón, a criollo living in Mexico in the sixteenth century knew nothing of the Indian language if Sor Juana Inés de la Cruz, living there in the seventeenth, could write poems in it. Alarcón's father must certainly have known it or he could not have dealt with the Indians as a miner in Tasco [sic]. . . . Alarcón's brother Pedro held his benefits in Tenango because he knew Mexican. And Hernando Ruiz de Alarcón, who is reputed to have been his brother, wrote a treatise on Indian superstitions which shows a knowledge of the language.[5]

Además, las influencias de una lengua sobre otra se dan aunque no se conozca bien el habla con la cual nos ponemos en contacto.

Serge Denis ha estudiado el teatro de Alarcón desde el punto de vista lingüístico, en sus dos obras dedicadas a este propósito: una como tesis doctoral y la otra como tesis complementaria.[6] Su trabajo es acucioso y meticuloso. Sin embargo, en sus conclusiones explica que Alarcón "emploie le castillan universel commun alors aux lettrés de l'immense domaine espagnol, un castillan classique, d'Empire" (*La Langue*, pp. 355–56). Precisamente en sus dos libros encontramos bases muy sólidas para sostener la tesis completamente contraria, puesto que él parte del punto falso de divorciar a la lengua española de las influencias lingüísticas y literarias que recibe en México.

Son de gran interés algunos aspectos gramaticales señalados por

Denis: la voz pasiva es rara en Alarcón y al participio pasivo le da sentido activo. En el náhuatl se emplea cuando no se expresa el complemento agente, pues de lo contrario se convierte en activa. Además, el uso que hace de las formas reflexivas del verbo con función pasiva puede muy bien estar influenciado por la voz media de la lengua náhuatl.

La elipsis del verbo es en él algo muy frecuente. En el náhuatl hay formas en que el verbo se sobreentiende. El nombre del dios Tezcatlipoca (aquél cuyo espejo está ahumado) tiene la significación literal en español de: *Tezcatl*'espejo' + *i*'su' + *poca*'humo,' ya que no existe el verbo copulativo con la connotación que se le da en las lenguas romances, pues las formas *ca*, *catca*, y *yez* tienen el sentido de "hallarse," "existir," y "estar en."

Denis considera que procedimientos de intensificación, por enlaces de palabras, retruécanos, aliteraciones y elementos sintácticos, propician una "nouvelle richesse" en el estilo de Alarcón. Es indubitable que esos procedimientos se apoyan en factores existentes en la lengua náhuatl, ya que entre las modalidades del verbo tenemos la llamada forma de intensidad, iterativa, frecuentativa, la cual por diversas maneras le da a la acción verbal un efecto de reiteración. Asimismo la conjugación cuenta con partículas intensivas.

Alarcón hace un empleo metafórico del complemento nominal, y además los nombres abstractos se muestran en él "chargé[s] de suggestions" (no olvidemos la gran facilidad de la lengua náhuatl para crear metáforas y formar abstractos). Los epítetos físicos los usa como un recurso descriptivo para poder materializar los abstractos. El empleo de este aspecto estilístico es en él abundante y prolijo, dándole un matiz caricaturesco muy adecuado en el desarrollo de sus comedias, o afectivo y ornamental. Rica es la literatura náhuatl en este tipo de epíteto. Lo que resulta verdaderamente asombroso es la coincidencia de las características lingüístico-literarias de Alarcón con las específicas de la lengua náhuatl, pues podemos constatar textos de Denis y citas de Angel María Garibay, el eximio erudito de los estudios nahuatlacos.

La síntesis o concisión. "A l'improvisation géniale de Lope, à son lyrisme multiple, à la somptuosité de sa forme dramatique, Alarcon oppose une langue plus synthétique, une forme plus nette, plus contrôlée,'' escribe Denis (*La Langue*, p. 358). Con respecto a la lengua náhuatl, Garibay explica:

> La concisión es una nueva gala suya. Palabras largas, verdad es, son las más de las suyas, pero en ellas se enclaustran todos los matices del pensamiento. Pocas lenguas literarias ganan en concisión a la latina, cuyo arquitectural nervio es gozo del pensamiento, y hallamos en la versión que se hizo del Catecismo Romano, de lindo latín, casos en que la concisión latina queda abajo de la náhuatl.[7]

La claridad. Denis opina: ''. . . ce qu'on peut reprocher à Alarcon, ce n'est ni la maladresse, ni l'obscurité de la pensée. Il manie au contraire ces figures avec art. Sa pensée reste précise, bien enchaînée; mais cet art est trop léché et trop cérébral'' (*La Langue*, p. 200). Y Garibay observa: ''La claridad de expresión tiene que ser una de las necesarias dotes de la lengua que se eleva al campo estético. Y entre las lenguas, pocas llegan al ápice de la claridad del náhuatl'' (*Historia*, p. 17).

El uso de las metáforas. Denis dice, ''Ce jeu précieux où la métaphore est toujours présente dépassera les contingences terrestres,'' y resume: ''. . . l'élément essentiel c'est la satire. Une métaphore pittoresque pourra renforcer le calembour'' (*La Langue*, pp. 176, 225). Habla también de sus superlativos metafóricos y sus tendencias, por otra parte, a simbolizar los sentimientos. Garibay apuntará: ''Los ejemplos podrían multiplicarse hasta el infinito. Muy propio de esta lengua es la expresión imaginativa a base de metáforas, y esto no solamente en la poesía, sino en la más llana prosa.'' Y todavía se siente en la necesidad de poder explicar mejor esta peculiaridad, y así nos dice: ''Hay un procedimiento estilístico que he llamado 'difrasismo', para poder referirme a él con facilidad, y que consiste en aparear dos metáforas, que juntas dan el simbólico medio de expresar un solo pensamiento'' (*Historia*, pp. 18–19).

El uso de las imágenes. ''Alarcon y introduit un élément nouveau, ou bien il situe l'image,'' escribe Denis; y además: ''Alarcon tire une image ornamentale rare. Cette image, très ramassée'' (*La Langue*, pp. 278, 181). Por su parte, Garibay lo expresa así: ''Hay que indicar también otro medio de expresión imaginativa, basado en la acumulación de imágenes'' (*Historia*, p. 19).

El poder de darle a sus expresiones sugerencias. ''Il est notable que les mots, les images, les thèmes, les constructions, les vers répétés sont ceux qui généralement ont ou avaient une valeur expressive ou évocatrice," explica Denis (*La Langue*, pp. 214–15). Y, según Garibay, una "capacidad de sugestiones múltiples en pocas palabras es otro de los caracteres de esta lengua [náhuatl]" (*Historia*, p. 18).

El paralelismo no es peculiar de la lengua náhuatl solamente (bien sabemos de su presencia en la Biblia), pero sí es una constante en su manifestación literaria.

En el capítulo que Denis dedica a la simetría, no se olvida de señalar que es una figura de construcción de carácter esencial que influencia a Alarcón a través de España. Esa simetría se presenta en la forma de paralelismo de vocablos y frases: "L'auteur obtient un effet d'intensité en rapprochant quatre vers symétriques deux à deux; l'épithète sera renvoyée systématiquement à la fin du vers, à l'encontre de l'ordre logique attendu" (*La Langue*, p. 191). Otras veces al señalar la antítesis nos está corroborando el paralelismo antitético del autor, no sólo de palabra, sino de idea, sobre todo, en el aspecto satírico.

En cuanto a la simetría en Alarcón también Angel Valbuena Prat la advierte, aunque no llega a redondear la demostración necesaria. Tanto él, como Denis, atisban el horizonte con grandes conocimientos y hasta con poderosa intuición, pero se detienen al no complementar sus ideas con el conocimiento necesario de las culturas y las lenguas indias, que de hecho influyeron en el mexicano. Valbuena señala el "inconsciente colectivo" de que habla Jung, y al calificar a Alarcón especifica su estilo "trabajado, medido, regularizado," destacándonos un ejemplo específico:

En la descripción del banquete de *La verdad sospechosa*, hallamos un prodigio, no subrayado suficientemente, de construcción ordenada y decorosa. En la enumeración preside el número *cuatro* con sus múltiplos y divisores. Mesa "*cuadrada*, limpia y olorosa" (señalemos estos adjetivos); "*cuatro aparadores*", puestos en cuadra correspondencia (ostentando los contrastes de "la plata blanca y dorada''); *seis* tiendas (4 + 2): "*cuatro* coros diferentes—ocupan las *cuatro* dellas,—otra principios y postres—y las viandas la *sexta*"; *veinticuatro* antorchas luciendo. "Empezó primero el coro—de chirimías; tras ellas—el de las vihuelas de arco—sonó en la *segunda* tienda;—salieron con suavidad—las flautas de la tercera, —y en la *cuarta cuatro* voces—con guitarras y arpas suenan." *Treinta y dos* platos de cena; y los *cuatro* coros que comienzan "desde conformes distancias—a suspender las esferas," "juntos en folla". En las descripciones en romance, que es donde nuestros dramaturgos dejan correr la facilidad de su . numen, vemos este orden admirable, esta cuidada y conscientemente dispuesta agrupación.[8]

La idea de dioses con dos personalidades o de dos redentores paralelos o de múltiplos de dos, en los aspectos mitológicos y de organización social de distintos pueblos de México, es algo que está bien presente, en los nahoas-aztecas y en los mayas, para no citar más que dos. Ometeuhtli, el dios causa de los aztecas, contenía en sí mismo el dualismo antropomórfico (hombre—mujer) y el dualismo cósmico (la noche y el día). El Sol y la Luna son divinidades que tienen un carácter paralelo. Entre los mayas dos *son* los famosos gemelos redentores, Hunahpú e Izbalanqué, a que se refiere su libro sagrado *Popol Vuh. Cuatro* son las rutas cósmicas con sus dioses correspondientes, y *cuatro* son las parejas originarias de los seres humanos. Los jefes principales solían tener *cuatro* subalternos; los pueblos y ciudades, en general, se dividían en *cuatro* barrios, etcétera.

Su Mexicanidad Universal

Resumiendo podemos afirmar que Alarcón tiene características que proceden de una y otra vertiente de los dos mundos culturales en que se movía. En el aspecto lingüístico vemos como una corriente subterránea que irá a fundirse con su mexicanidad inconsciente, porque nada importa que no haga referencias al ambiente mexicano, para que por eso no se le considere influido por el mismo. Debemos comprender, en sus actitudes, lo que él era y no lo que quería ser. (El mestizo de razas oculta, a veces, una de ellas. ¿No puede suceder lo mismo con el mestizo de culturas?) El mexicanismo de Alarcón en su teatro es inconsciente, pero está en él, está en él como si dijéramos en su sangre cultural. El problema no es simple, ni puede considerarse "liquidado." El error principal es que se le ha enfocado fragmentariamente o con un criterio de suma y no de síntesis: una síntesis multiforme de causas, de efectos, que se escalonan o amalgaman unas y otros de modo desconocido e imprevisible que no constituye sólo el reflejo de la vida del autor, ni el producto de un medio determinado; de un lugar o de un período, o bien la expresión social del mismo, simplemente. Sin embargo, puede participar de todo eso: de algunas características y de otras no, o de cada una de ellas en mayor o menor grado. Instintivamente, pero con sentido crítico, explicaba Juan Pérez de Montalbán: "Don Juan Ruiz de Alarcón las dispone [las comedias] con tal novedad, ingenio y extrañeza, que no hay comedia suya que no tenga mucho que admirar y nada que reprender, que después de haberle escrito tanto, es gran muestra de su caudal fertilísimo."[9] Es decir que Alarcón, aunque habla la misma lengua y había recibido las influencias españolas, les resultaba *distinto* a sus contemporáneos. En el siglo XVIII en el *Diario de los Literatos de España* . . . se le menciona como "ingenio español del otro lado del mar" y además se especifica:

> Don Juan Ruiz de Alarcón, oriundo de España, y natural de la insigne Ciudad de México, bastaba para probar lo que se afirma, pues ha enriquecido los teatros españoles con tantas y tan excelentes Piezas Cómicas, que con razón le acreditan por uno de aquellos felices ingenios, que dieron leyes a la Comedia Española dejando su memoria venerable entre las que respetamos por los primeros maestros de este arte. Así lo sintió el juiciosísimo crítico del siglo pasado [siglo XVII], Don Nicolás Antonio, quien con su concisa elegancia deja distinguido el singular mérito de *este americano*. (I [1737], 80–81; el subrayado es nuestro.)

El filósofo más relevante de los tiempos modernos, Martín Heidegger, comprende muy bien que la pregunta sobre la esencia del arte, el camino de su saber, debe fundamentarse de nuevo. Pero el gran existencialista no se deja llevar sólo por el criterio de que el arte es vivencia, sino que especifica y completa mejor su concepto en el último párrafo de su ensayo "El origen de la obra de arte":

> La realidad deviene objetividad. La objetividad deviene vivencia. En el modo como es para el determinado mundo occidental el ente como realidad, se oculta un peculiar ir juntos de la verdad y la belleza. Al cambio esencial de la verdad corresponde la historia esencial del arte occidental. No se puede comprender ni desde la belleza tomada en sí misma, ni desde la vivencia, supuesto que el concepto metafísico llegue hasta su esencia.[10]

Aquí, junto con lo que puede interpretarse como objetivo y subjetivo, está también la concreción de la obra, de su unidad o su "unicidad," intrínsecamente considerada, lo que es en sí misma, ya que todos los factores literarios juntos constituyen la esencia de su verdadero ser.

No puede negarse que Alarcón es el creador de la comedia de carácter. Nosotros pensamos que para esto le favoreció el haber nacido en México y pintar, precisamente, los ambientes españoles de casi todas sus obras. Hay mucho de espectador en su penetración de los hombres de la Península, y, por otro lado, a él personalmente le favoreció aquel ambiente pletórico de logros que era la España de la época. En cuanto a su personalidad, su sutileza, su sentido lógico, se agudizaron también, con los cambios y experiencias.

Los verdaderos méritos del teatro de Alarcón se empezaron a ver con claridad en el siglo pasado. Sin la facilidad para versificar, ni la fecundidad de un Lope de Vega, sin la profundidad pensante y la sistematización de un Calderón de la Barca, difiere de sus contemporáneos en la minuciosidad del detalle en que, en general, no complica los asuntos y desarrolla una trama central. Es un teatro de contextura más lógica, sobria, no sólo en el tema sino en la creación de cada escena, en la forma de darle el corte a los actos y, en algunas oportunidades, hasta en la manera de desatar el nudo.

Sus versos sencillos sin encrespamientos, aclaradores, nítidos, a veces, de una precisión escueta o de un ornamento elegante y trabajado le sirven de vehículo. Sobre todo la creación de los personajes en el marco de la intención moral, a los que da una personalidad humana, en muchos casos, que no tiene el sentido de rango social, sino el perfeccionamiento de las relaciones entre los hombres.

Se ha deshumanizado, muchas veces, a Alarcón con presentaciones parciales en un afán de mexicanizarlo, con una mexicanía estereotipada mostrando la parte de la cultura mexicana que hay en él, como un esqueleto frágil. Se ha deshumanizado a Alarcón cuando sólo se le presenta como parte del teatro español de la época. Es cierto que no refleja "conscientemente" el ambiente mexicano, y, al mismo tiempo, como aclara Ermilo Abreu Gómez completando una opinión de Fitzmaurice-Kelly, "Ruiz de Alarcón no logra ordenar los elementos constitutivos de lo nacional español ni en sus obras de tipo histórico ni en sus obras de carácter social, porque ni siente ni pretende tal ordenamiento."[11]

Se le ha deshumanizado, también, si sólo se le presenta con la parte universal de su teatro. Juan Ruiz de Alarcón es medularmente un autor mexicano desde el punto de vista intrínseco, teniendo en cuenta sus valores estilísticos y culturales que pertenecen al barroco mexicano. Todo esto, desde luego, sin negar la influencia española, que en él produce una verdadera simbiosis literaria. Lo consideramos mexicano desde la raíz, y, al mismo tiempo, por su talento es capaz de crear personajes y situaciones que rebasan el medio español, que rebasan el medio mexicano, que rebasan la época en que fueron creados (tal vez esto explique su fama en otros países y el interés que ha despertado en los siglos XIX y XX), para imponerse en el espacio y en el tiempo con sus condiciones de autor universal.

Purdue University
West Lafayette, Indiana

NOTAS

[1] "Breve historia de un problema: La mexicanidad de Ruiz de Alarcón," en *Antología* (México: México City College, 1956), pp. 27–45; y "Para la historia de un problema: La mexicanidad de Ruiz de Alarcón," *Anuario de letras* (México: Universidad Nacional, Facultad de Filosofía y Letras, 1964), IV, 161–202.
[2] *Historia de la literatura española* (Barcelona: Gustavo Gili, 1937), pp. 334–35.
[3] *La vida literaria de México* (México: Porrúa, 1946), I, 34.
[4] "Sobre la nacionalidad del escritor," en *Estudios sobre el teatro español* (Madrid: Gredos, 1962), p. 159.
[5] "The Mexican Background of Alarcón," *PMLA*, 57 (1942), 94.
[6] *La Langue de J. R. de Alarcon* (Paris: E. Droz, 1942), obra citada de aquí en adelante como *La Langue*; y *Lexique du théâtre de J. R. Alarcon* (Paris: E. Droz, 1943).
[7] Angel María Garibay, *Historia de la literatura náhuatl* (México: Porrúa, 1953), I, 17–18; obra citada de aquí en adelante como *Historia*.
[8] *Literatura dramática española* (Barcelona: Labor, 1950), p. 195.
[9] *Para todos ejemplos morales, humanos y divinos* (Sevilla: Librería de los Gómez, 1736), p. 533.
[10] Traducción de Francisco Soler Grima, *Cuadernos hispanoamericanos*, 27 marzo 1952, p. 357.
[11] *Ruiz de Alarcón: Bibliografía crítica* (México: Botas, 1939), p. 43.

Emmanuel Roblès:
Definition of the
Mediterranean Spirit

MARTHA O'NAN

The Traveler: Are you Arab?
The Lebanese: Yes.
The Traveler: But I mean to say that you
are a descendant of the Phoenicians!
Later, Hellenized and Latinized!
Really, you are a Mediterranean.
The Lebanese: Yes.
The Traveler: Arab or Mediterranean? Decide!
Which one?
The Lebanese: Both.[1]

    Emmanuel Roblès during his entire life has sought to define the
Mediterranean spirit which has animated populations diverse in language, religion, and region over thousands of years. His method has
been observation and imagination, travel and comparison; his definition is to be found in his own life and in an enormous amount of written
work including editions, translations, adaptations, criticism, essays,
stories, novels, and plays. Algerian and Spanish aspects of his Mediterranean spirit have been presented by Fanny Landi-Bénos in
"Roblès le Méditerranéen" (*Simoun*, No. 19 [1955], pp. 9–17).
Since the date of Landi-Bénos' excellent article, Roblès has doubled
his publications and has more and more pinpointed his definition of the
Mediterranean spirit through reflections back to 1914, the year he was

born in Oran, Algeria. This city, Albert Camus wrote, should open on the sea but "except for the Spanish quarter [it is] a city which turns its back on the sea, which is constructed by turning on itself like a snail."[2] The area is dominated by the old Spanish stronghold on the top of Santa Cruz from which can be seen "a heap of white coins cast at random, Oran, and a splash of violet, the Mediterranean."[3]

Roblès grew up by the sea like Paul Valéry, whose birthplace was at Sète on the opposite side of the Mediterranean and almost directly north of Oran. Valéry wrote that the Mediterranean never ceased being present before his very eyes or mind, that "certainly nothing formed [him] more, impregnated [him] more, taught or constructed [him] better than those hours stolen from study, seemingly for fun but deeply devoted to the unconscious worship of three or four undeniable deities: the Sea, the Sky, the Sun."[4] More than young Valéry, Roblès viewed the Mediterranean, frequented its beaches, swam in its waters, dreamed of traveling beyond its shores, hills, plateaux, and mountains, and had an intuitive concept of its global expansion which in the sixteenth century had already reached as far as the Azores and the New World. Roblès said that when he was twelve or thirteen years old, he used to stand on the terrace where he lived in Oran and, facing the blue sea and fawn-colored hills of Santa Cruz, picture far-away voyages and dream of the world as an immense, marvelous book of travels with pages to be turned.[5]

By the time he was twelve, he had gone with other boys to places near Oran such as the Mountain of the Lions, Mers-el-Kébir, Aïn el Turk, and the hills of Santa Cruz and its former Spanish fort, from which he could see the Spanish coast on clear days. Many of these adventures are recalled in his autobiographical novel, *Saison violente*, which centers on a thirteen-year-old boy in Oran and his poor Arab, Jewish, and Spanish comrades who were "the Ulysses of those shores, adolescent Ulysses with the same intrepid curiosity for the mysteries of the world."[6] A modern Ulysses, Roblès himself began extending his knowledge of the Mediterranean by traveling to various countries bordering that sea and finally to countries beyond.

When he was fifteen, with little money in his pocket, he went alone to Palma, Alicante, Valencia, Barcelona, Zaragoza, Madrid, and cities in southern Spain (*Entretiens*, p. 137). At the same age, he went with an uncle to Algiers, a city which had a "perfume of liberty" because it did not have the walls, gates, and stones found in Oran (*Entretiens*, p. 37). Sixteen found him in Marseilles and Paris, and seventeen saw him in Málaga in search of his paternal grandfather's youngest brother (*Entretiens*, p. 12). Later, he was to visit the Soviet Union, Poland, Germany, India, South China, Indochina, Japan, various African countries, the United States, Canada, Chile, Bolivia, Peru, Colombia, Ecuador, Venezuela, Czechoslovakia, Brazil, Mexico, countries in the Near East, and elsewhere. When he hears names of countries and cities today, he hears singing in him

> the poem of his youth. How many hours [he] poured over guides to cities and atlases! How many pages of Loti [and Jérome and Jean] Tharaud [he] savored in tattered editions or in selected school texts! At Oran, during tender years, [he] was like those sail boats which trembled on their keels and seemed to shake with impatience before getting under way! (*Entretiens*, p. 27)

When he was seventeen, he was going to abandon his studies to become an apprentice, but the school principal convinced the family to let the boy continue his education. Although he would have preferred the School for Hydrography and Navigation at Marseilles, he took the competitive entrance examinations for the Bouzaréa Normal School in Algiers, the university of the poor, where he was accepted and given free tuition and other aid (*Entretiens*, p. 36). At the end of his studies, there were two years of compulsory military training and, soon after that, military service from 1937 to 1940 at the aviation base in Blida, Algeria and from 1943 to 1946 various military duties such as war correspondent which took him to many areas in the Mediterranean, France, Germany, England, and South America.

In 1937, his love of the Mediterranean was reinforced and enriched by meeting Edmond Charlot, a young publisher, and Albert Camus, editor for Charlot. Charlot had just established a small publishing house dedicated to the Mediterranean spirit which was expressed by ''Vraies Richesses,'' a motto taken from Jean Giono's *Les Vraies Richesses*, a book in praise of the people and nature of a rural section in the French department of Basses-Alpes where ''the coat of . . . poverty covers the riches of the true earthly paradise.''[7] Charlot was on the verge of publishing two of Camus's book-length essays about the joy of living in the beauty of the Algerian sun and sea and the irreconcilable irony of injustice and death. In the midst of activities as reporter, actor, director of a theater group, and initiator of the House of Mediterranean Culture, Camus founded a review of Mediterranean culture, *Rivages*, the first number of which appeared in 1938 with his introduction about the triumphant life of the Mediterranean:

> From Florence to Barcelona, from Marseilles to Algiers, a teeming, fraternal people gives us essential lessons for our life. In the heart of this innumerable people must sleep a more secret being common to all. It is this being, nourished on the sky and sea beside the Mediterranean smoking under the sun, whom we aim to resuscitate or at least the variegated forms of the passion for living which this being causes to be born in each of us. [8]

Camus and Charlot, in their very early twenties, welcomed their fellow Algerian and Mediterranean, Roblès, who was writing under the very eyes of his unsuspecting sergeant his first novel, *L'Action*, a book dealing with the great social unrest of 1936 in Algeria. This novel and a second one, *Place Mahon*, set in the well-known square of Algiers, were both published by Charlot. From the Camus-Charlot period, Roblès has never ceased being an explorer of the Mediterranean spirit in his work and in editions of a great number of Mediterranean works for Seuil under the Collection Méditerranée series, which includes such writers as Leïla Baalbaki, Ugo Betti, Thrasso Castanakis, Camilo José Cela, Alba de Céspedes, Andrée Chédid, Mohammed Dib, Xavier Domingo, Gabrielle Estivals, Mouloud Feraoun, Alfonso Grosso, Catherine Lerouvre, Marcel Moussy, Ahmed Sefrioui, Ramón Sender, Marie Susini, and José-Luis de Vilallongo, writers who, Roblès stated, represent "Mediterranean humanism." [9]

The geography of Roblès' Mediterranean spirit begins in Oran and Algiers, extends to Italy and Spain, and then spreads to Latin America and the world. In fiction dealing with Algeria, he presents heroes in conflict with oppression, inequality, and disrepect for men—all dehumanizing forces which are counter to the ancient Mediterranean ideal described by Paul Valéry:

> Particularly, the enlightenment of the human personality and the generation of an ideal for the most complete or the most perfect development of man have been outlined or realized on [the Mediterranean] shores. Man, measure of things; man, a political element, a member of government; man,

a legal entity defined by law; man, the equal of any man before God and considered *sub specie aeternitas*, these are almost entirely Mediterranean creations which need no reminder as to their immense effect, (*Variété*, p. 1097)

Roblès' thirteen-year-old hero of *Saison violente* in Oran in the late 1920s instinctively represents the Mediterranean ideal in his distaste for a well-to-do old woman and his uncle because of their active support of the anti-Jewish party, the Union Latine, and the party newspaper *Le Petit Oranais* with its swastika and also because they are anti-Arab in their insistence that Algerians do not have the right to vote and even anti-Spanish in their denigrating classification of the Oranian Spanish as the "fifty percent." Ironically, in these hated groups often are men who lost a leg or an eye at Verdun or in other battles of World War I. The boy, out in the streets, knows personally many of these oppressed, disrespected, unequal people and in school is reading authors like Balzac who portrayed the control of money in society, a control found in Algeria among colonists so rich that they celebrate each million earned by having huge, extravagant social events on their estates.

Likewise resenting deceivers of men and those who make economic playthings out of the Arabs, Smaïl ben Lakhdar, the twenty-year-old hero of the novel *Les Hauteurs de la ville,* wants to kill Almaro, who has become rich during World War II by recruiting Algerian workers for Hitler. Smaïl hears his working-class friends say that Almaro should be killed because he disregards human life. Only one friend, a Christian, attempts to prevent Smaïl from murder by pointing out that retaliation is wrong and that the murderer wants to replace human and divine justice. Almaro himself spares Smaïl's life two times while Madame Almaro begs him to leave Algeria. These overtures do not deceive Smaïl who has a primordial drive to avenge himself and his country for Almaro's power, riches, and insults. There is in Smaïl something of the violent anger of the Dionysus presented by Nietzche in *The Birth of Tragedy*:

The best and highest that men can acquire they obtain by a crime, and must now in their turn take upon themselves its consequences, namely the whole flood of sufferings and sorrows with which the offended celestials *must* visit the nobly aspiring race of man. . . .[10]

Unaware of specific examples of the vengeance of the gods on trans-gressors, Smaïl nevertheless intuits society's wrath as he looks into his mirror where without fear he sees himself dead. The more determined he is to kill Almaro, the more he feels separated from men and, after the murder, he feels indifferent to the night, to people, to the patrols looking for him, and to those who arrest him. Like Malraux's mur-derer, Chen in *La Condition humaine*, Smaïl is both executioner and executed, a destiny he hallucinates after the murder:

> If they got me, respectable judges would solemnly condemn me to death, and that would seem quite useless because even before killing Almaro I had already been condemned. . . . But since it is necessary to die, it would be consoling to say that my life had served to destroy a bit of the injustice and unhappiness which was destroying us![11]

He hopes for correction and moderation of injustice, oppression, and inhumanity in Algeria, the high human aspiration emphasized in the title, *Les Hauteurs de la ville.*

Beyond Algeria there are other countries where Roblès places his characters, the strongest of whom like Smaïl have "that Ulyssean sense of discovery, taste for adventure, defiance . . . [,] that Medi-terranean passion for justice, that very particular sense of honor, that familiarity with death, doubtlessly inherited from the Greeks. . . ."[12] One of these places is Sardinia, the setting for the novel *Cela s'appelle l'aurore* in which the physician, Valerio, works long hours with patients, some of whom are ill from injuries in World War II, others are injured in mining, and others are victims of violence such as that of a grandfather raping his ten-year-old granddaughter. His most critical patient, the wife of a poor man who had been one of the soldiers under his command in Libya, finally dies because of a cruel landlord whom the husband kills. The husband is hidden in the home of the physician, who does not approve of the murder but understands "the profound meaning of that murder, that shot fired against the injustice of God and the injustice of men. . . ."[13] The crisis of having a murderer in the house drives away the physician's wife, and her flight causes the murderer so much pain that he leaves and hangs himself. In the end, a new dawn becomes possible for the physician, who is free to go to the woman whom he loves and who shares his point of view on justice.

Discussing *Cela s'appelle l'aurore*, a book made into a film by
Bunuel, Roblès said:

> Must [Dr. Valerio] protect or not protect a murderer? But with which
> murderer are we concerned? We are in the midst of violence and we have to
> choose between two acts of violence. Sandro, the worker whom Dr. Valerio
> protects, committed murder. But doesn't the person he murdered commit
> violence by exploiting him and driving him to despair? With Roger Garaudy
> I ask: "Do we condemn the violence of the slave who revolts?" (*Entretiens*,
> p. 156)

The murderer whom Dr. Valerio tried to save is like other
Roblès characters who lose their lives in noble but isolated, fruitless
struggles against overwhelming injustice in countries such as Spain
(*La Vérité est morte*), Italy (*Le Vésuve*), Mexico (*Les Couteaux*),
Indonesia (*Plaidoyer pour un rebelle*), and Japan ("L'Homme
d'avril"). Fearless of death, they act not for their profit but for the
benefit of man and are like Roblès' Don Quijote: "Yes, Don Quijote is
the solitary hero, the pure, poor hero who carries to the extreme his
love for men, pity for the miserable, and passion for justice, all
blended with his faith in Dulcinea."[14] Particularly this spirit is found
by Roblès among the Spanish, for example García Lorca who, Roblès
wrote, presented in his theater "honor, love which is deceived or
frustrated, innocence which is overpowered. . . . What dominates
everywhere is the theme of persecution."[15] Some of Roblès' most
stalwart characters including Cortés ("La Nuit de tristesse"), Colonel
Juárez (*La Vérité est morte*), and Montserrat (*Montserrat*) come from
Spanish history.

Montserrat carries with him to the New World the Mediterranean ideal of fearless sacrifice for justice, equality, and love of man.
His name suggests the monastery near Barcelona founded in the
eleventh century, an inspiration for Wagner's *Parsifal* and symbol of
high ideals. In Roblès' play, Montserrat is a Spanish officer serving in
1812 under the cruel Izquierdo, who rages in anger because the young
officer has informed the enemy, Bolívar, about a trap for his capture.
Montserrat is arrested with six hostages who are to be killed unless
they learn from him Bolívar's hiding place. Montserrat asks how a
priest can approve of the cruel war against the Venezuelans who are

fighting to be free and who are, in truth, like the Spanish struggling against Napoleon. When Montserrat is accused of being a traitor, he explains that he is against the oppression and violence of the Spanish who have no respect for human life and dignity in their war in Venezuela:

> Bolívar remains the last, the only hope ever for the Venezuelans to free themselves from the Spanish! If I hand over Bolívar, it is not just Bolívar whom I am condemning but the liberty and life of several million people. . . . From one ocean to another, from Guayaquil to Caracas, from Panama to Cuzco, all Venezuela, all New Granada, an entire world awaits Bolívar for liberation! An entire world which suffers under the cruelest, fiercest, most abject domination.[16]

Certainly Montserrat is a traitor to the Spanish and must lose his life as many others have in their battle against oppression. He represents more superhumanly and more dramatically than the young boy in Oran, or Smaïl, or Valerio the Roblès definition of the Mediterranean man:

> I believe first of all that [the Mediterranean man] has a great familiarity with death. I mean that he is perhaps more concerned with it than many other men. There is a lot of pleasure and enjoyment in play on words, teasing about gestures and about overenthusiastic hearts and souls. These things are part of a sense of moderation and really do not seem to me to be terribly contradictory to the zeal for jumping into flames if the heart consents! This sense of moderation is moreover an intellectual discipline which corrects, which moderates excessive tendencies. And then, the feeling of honor and respect for man. There, too, excesses are dreadful and what is the Corsican vendetta or *rek'hah* of Kabylia but an illness which only blood can cure? And then, "that sadness beneath the greatest joy" which García Lorca describes and also Camus when he cries out: "No love of living without despair of living." . . . [In summary] passion and moderation, joy in life and obsession with death, adherence to the world and renouncement of it, that flux and reflux which all men of the sun recognize. (*Entretiens*, pp. 165–66)

Roblès' definition of the Mediterranean is far removed from Caesar's emphasis upon possessing it ("mare nostrum") and is more closely related to the feeling that the Mediterranean is special, is extraordinary as described by José de Acosta in 1590: "Up to the present, no one has discovered in the New World a Mediterranean Sea such as there is in Europe, Asia, and Africa. . . ."[17] In the tradition of

Valéry and Camus, Roblès finds that the sea's uniqueness is its movement, its sun and sky, its spirit. This spirit, in motion like the sea, carries his characters between the extremes of life and death, excess and moderation, joy and sadness, anger and murder in their struggle to defend man.

State University College of New York
Brockport, New York

NOTES

[1] Andrée Chédid, *Liban*, Collections Microcosme Petite Planète, 39 (Paris: Seuil, 1974), p. 83. All translations from French and Spanish have been made by the author of this article.

[2] Albert Camus, *L'Eté*, in *Essais*, ed. R. Quilliot and L. Faucon, Pléiade (Paris: Gallimard, 1965), p. 818.

[3] Jean Grenier, *Inspirations méditerranéennes* (Paris: Gallimard, 1961), p. 18.

[4] Paul Valéry, *Variété*, in *Oeuvres*, Pléiade, I (Paris: Gallimard, 1957), 1092. Subsequent pages references to *Variété* will appear in the text.

[5] Jean-Louis Depierris, *Entretiens avec Emmanuel Roblès* (Paris: Seuil, 1967), p. 27. Subsequent page references to *Entretiens* will appear in the text.

[6] Emmanuel Roblès, *Saison violente* (Paris: Seuil, 1974), p. 14.

[7] Jean Giono, *Les Vraies Richesses* (Paris: Grasset, 1937), p. 207.

[8] Albert Camus, "Présentation de la revue, 'Rivages,' " in *Essais*, pp. 1330–31.

[9] Letter received from Emmanuel Roblès, 29 March 1978.

[10] Friedrich Nietzche, *The Birth of Tragedy*, in *The Complete Works*, trans. Oscar Levy (New York: Russell and Russell, 1964), I, 78.

[11] Emmanuel Roblès, *Les Hauteurs de la ville* (Paris: Seuil, 1960), p. 207.

[12] Letter received from Emmanuel Roblès, 29 March 1978.

[13] Emmanuel Roblès, *Cela s'appelle l'aurore* (Paris: Seuil, 1952), p. 208.

[14] Emmanuel Roblès, Préface, *Don Quichote* (Paris: Rombaldi, 1960), p. 16.

[15] Emmanuel Roblès, *Garcia Lorca*, Collection Rivages (Alger: Edition du Cactus, 1949), p. 67.

[16] Emmanuel Roblès, *Montserrat* (Paris: Seuil, 1954), pp. 58–59.

[17] José de Acosta, *Historia natural y moral de las Indias*, in *Obras del P. José de Acosta*, ed. P. Francisco Mateos, Biblioteca de Autores Españoles, 73 (Madrid: Atlas, 1954), p. 67.

Daudet's Petite
Bourgeoisie as Reflected
in *Sin amor*

THOMAS W. RENALDI

Mariano Azuela, best known as the premier novelist of the Mexican Revolution, was an outstanding stylistic innovator. His rapid-fire delivery, with short sentences, a high proportion of dialogue and comparatively little narration, is best exemplified in *Los de abajo*. Azuela, writing during and immediately after the military phase of the Revolution, captured better than any other novelist the flavor and essence of those turbulent days.

Three novels written before *Los de abajo* (*Los fracasados, Sin amor* and *Los caciques*) take place in small towns very much like Lagos de Moreno, where the writer spent his early years. Of that group, critics have proclaimed *Los caciques* as Azuela's first adaptation of a revolutionary theme and *Los fracasados* as his best novel of manners. *Sin amor*, by contrast, has been dismissed by most critics, who feel that the novel is Azuela's least original work. Professor Leal states that Azuela followed "el ejemplo de la novelística francesa" and departed from the style which he had introduced in *María Luisa* and perfected in *Los fracasados* and especially *Mala yerba*.[1] Manuel Pedro González, on the other hand, declares that the female protagonist of *Sin amor*, Ana María Romero, is better developed than most of Azuela's characters. He also finds merit in the novelist's use of antithesis to strengthen the moral message of his novel: counterposed to Ana María's marriage for money is Julia Ponce's blissfully happy union with Enrique, her cousin, who will never have great wealth but whom she sincerely loves.[2]

While he was in medical school, Azuela read insatiably the novels of such French authors as Flaubert, Zola, the brothers Goncourt, and Alphonse Daudet. In his memoirs Azuela tells of his startling discovery upon reading those works, recommended to him by a friend:

> . . . hice una serie de lecturas . . . fue una verdadera orgía de acontecimientos, gentes y paisajes: borrachera de fantasmas y de pesadillas; una vida pujante y magnífica que me hacía olvidar la otra, la verdadera. La escuela realista que dejaría la huella más profunda en mi imaginación y en mi corazón. Es posible que más tarde haya leído mejores libros, pero con la pasión y entusiasmo que aquéllos, nunca más.[3]

The critics are unanimous in their opinion that, beginning with the novels of the Revolution, Azuela was not influenced by any foreign author. Though the experimental novels of the 1920s may be exceptions to that observation, it is nonetheless certain that the inspiration of European writers is most readily seen in Azuela's early works. Luis Alberto Sánchez, citing the abundance of lower-class characters in those novels, suggests that Azuela imitates the procedure of Benito Pérez Galdós, Honoré de Balzac, Emile Zola and Russian masters such as Gogol and Gorki.[4] Jaime Delgado, writing about *Sin amor*, points out that Ana María is the first Azuelan heroine who evolves as a result of events within the novel. He believes that in this work Azuela imitated the characterization of Balzac.[5] Also referring to *Sin amor*, González declares: "La preocupación por el influjo de la herencia y del ambiente y la velada tendencia 'experimental', dilectas a Zola, son evidentes" (*Trayectoria*, p. 141). Azuela himself confessed, late in his life, that during his novelistic apprenticeship he relied upon French models:

> Los autores que influyeron en mis comienzos literarios, casi con exclusión de cualesquiera otros, fueron Honorato de Balzac, Emilio Zola, Flaubert, los Goncourt y Alfonso Daudet.
> Después de mis cuatro primeras novelas, continué escribiendo bajo la influencia de los novelistas franceses contemporáneos, hasta que mis libros se relacionaron con la Revolución. Al componer estos últimos, no creo que haya sido afectado por alguna otra influencia.[6]

Since Balzac and Zola were the two best-known French realists, it is understandable that critics should most readily see their influence in Azuela's early works. However, since the author's own testimony indicates how deeply impressed he was with the lesser realists, it is entirely possible that their works, too, might have shaped such novels as *Sin amor*.

Alphonse Daudet, who wrote so masterfully of the Parisian petite bourgeoisie in *Fromont jeune et Risler aîné, Jack* and other novels, described a way of life not unlike that of the middle class which existed seventy years ago in Mexican provincial towns. Monsieur Chèbe, the aspirant to social prestige, who values the esteem of his peers more than the accumulation of money; Sidonie and Séphora (*Les Rois en exil*), whose beauty lifts them from their humble beginnings and whose ambition makes each the merciless seductress of a rich man with weak character; old Gardinois and Leemans, Séphora's father, slovenly misers who are respected only because they have accumulated fortunes—Azuela, too, observed all these types in towns like Lagos de Moreno.

The purpose of this essay is to demonstrate how Daudet's well-known tolerance of his characters' faults may explain why Azuela, in *Sin amor*, is less harsh than usual in the presentation of his personages. Although his novel has several characters who could have been inspired broadly by others in *Fromont jeune et Risler aîné*, comparison will be drawn only between Sidonie and Ana María.

Alphonse Daudet, like Azuela, wrote of matters which he knew firsthand. Some of his best-known works are outgrowths of the years he spent in Paris, observing in detail that great city and its people. Although Daudet is always included among the French realists, he is not in fact classifiable in any school: he never used the "rules" of realism as his guide. Though a writer of prose fiction, Daudet always proceeded much like a poet. René Doumic, in a study which has become standard, described in the following words Daudet's creative process:

> Rien de pédantesque avec lui, rien qui sente l'effort et le labeur maussade du professionel. Il se laisse gagner par son sujet, il se prend de goût pour son idée, d'affection pour ses personnages. Il connaît, en écrivant, cette fièvre

qui n'est pas douloureuse, cette hâte qui fait courir la plume, ce frémissement du bout des doigts.[7]

Fromont jeune et Risler aîné is the story of Sidonie Chèbe, daughter of impoverished Parisian parents, who intensely desires to be wealthy and luxuriously dressed. She marries Guillaume Risler, a modest draftsman who is a partner in a prospering factory. Sidonie begins an extramarital affair with her husband's partner, who buys Sidonie the furs and jewels which she craves. When Risler learns about her unfaithfulness, he sells Sidonie's possessions and so harshly demands repentance from her that she deserts him. Sidonie ends as a singer in a café, and Risler takes his own life.

A salient characteristic of *Fromont jeune et Risler aîné* is the narrator's indulgence toward the faults of all characters except perhaps Georges Fromont. Sidonie is presented in an especially favorable light; the reader is left with an urge to pardon her vanity. Indeed, the characters themselves, except Risler and Planus, lack a strong sense of just retribution. It is highly revealing to examine the return of Frantz Risler, who has come home because Planus has written to him describing how Sidonie is causing her lover, Georges, to misappropriate the company's funds. Determined to accuse his sister-in-law to her face, Frantz instead declares his undiminished love.

Alphonse Roche explains that Daudet's attitude toward life accounts for the great tolerance noted throughout his works. A typical *Provençal*, Daudet tended to "laugh at everything for fear of having to cry about it."[8] This attitude would have led to deep pessimism for Daudet, who never found great solace in religion, had he not formed a set of principles which he consciously applied to his entire adult life. Among those principles was a tendency to accept suffering as unavoidable, not the result of man's evil, and to pardon human frailities.

To say that *Fromont jeune et Risler aîné* inspired some of the characterizations of *Sin amor* is not to say that the works are similar in tone. Provincial Mexico is not like Paris. A stern morality is more universally imposed, the people's lives are more stringently governed by the Church, and in an underdeveloped nation like Mexico, middle-class craftsmen like Risler scarcely exist. Nevertheless, Azuela seems to have been inspired by some of Daudet's characters—by those who are sufficiently generalized so as not to be specifically French.

Differences in plot detail separate Daudet's novel from Azuela's. Sidonie, for example, marries a man who was never her first choice and who lacks the means to give her the possessions and social standing that she craves. Ana María, on the other hand, always seeks to become the wife of Torralba, the wealthiest man in town. Her marriage, though it breaks her spirit, does afford her the benefits for which she has hoped. Another important difference between the novels is that only in *Fromont jeune* do there appear characters, alien to the prevalent society, who criticize it and react against it. Both Risler, by his actions, and Planus, by his comments, stand in opposition to Parisian middle-class values. Despite these and other minor differences, the novels have in common their portrayal of a feminine personage who suffers morally or physically for not having married out of love. Each heroine has, in turn, a mother who has encouraged her determination to rise above her class. Sidonie throughout the novel, like Ana María before her marriage, is extremely sensitive about real and imagined affronts from the high society by which she longs to be accepted.

Although Guillaume Risler treats his pretty wife as a child, that attitude is simply a result of their difference in age and of the familiarity with which he has regarded her since she was a child. It is Claire Fromont, wife of Risler's partner, whom Sidonie deeply resents. Though they were childhood friends, Sidonie feels that Claire has treated her as a parvenu ever since she married Risler and took the apartment on the second floor of the Fromonts' house. Claire incurs Sidonie's hatred each time she advises her, even though the advice is given in the spirit of an older to a younger sister:

> . . . très affectueusement, elle essaya de l'instruire, de l'initier au monde, comme on fait d'une provinciale bien douée a qui il manque peu de chose pour devenir charmante.
>   Entre deux femmes jolies et jeunes, les conseils ne s'acceptent pas facilement. Quand madame Fromont, un jour de grand dîner, prenait madame Risler dans sa chambre et lui souriait bien en face pour lui dire sans la facher:
>   —Trop de bijoux, mignonne. . . . Et puis, vois-tu, avec les robes montantes on ne met pas de fleurs dans les cheveux. . . .'' Sidonie rougissait, remerciait son amie, mais au fond de son coeur inscrivait un grief de plus contre elle.[9]

The narrator makes it clear that Madame Fromont does not treat Sidonie condescendingly, as do Risler and several other characters in the novel. To them she is like a pretty, spoiled child. Only Georges Fromont and Frantz Risler, both weak characters unable to resist her beauty, are manifestly beneath her.

Guillaumė's greatest fault is that he does not take Sidonie's displeasure seriously. He is unwittingly implicated when she holds her first at home, in imitation of Claire's weekly observance, and receives no visitors except old Mademoiselle Planus, the bookkeeper's sister:

> C'est fini. Madame Fromont ne viendra pas.
> Sidonie est blême de rage:
> —Voyez-vous cette pimbêche qui ne peut pas seulement monter dix-huit marches. . . . Madame trouve sans doute que nous sommes trop petites gens pour elle. . . . Oh! mais, je me vengerai. . . .
> . . . .
> Risler a le malheur de dire un mot.
> —Qui sait? L'enfant était peut-être malade.
> Furieuse, elle se retourne sur lui comme si elle voulait le mordre.
> —Allez-vous me laisser tranquille avec cet enfant? D'abord, c'est votre faute ce qui m'arrive. . . . Vous ne savez pas me faire respecter. (pp. 92–93)

It is clear that Sidonie's indignation extends to her husband. Seeing him as an old fool, she is incapable of admitting his industry or his engineering genius. Sidonie is obsessed by her insecurity as an aspirant to fashionable society.

Ana María, too, is very conscious of every condescending act on the part of her friends. She includes Ramón among those who slight her and threatens to break their engagement. Heeding Lidia's pleas that she reconcile with Ramón, Ana María tells him that he offended her at a wedding reception by treating her differently from his sisters' friends, members of the established aristocracy. She attributes to Ramón a most contemptuous attitude toward her:

> . . . yo, huérfana, de familia pobre y humilde, debo sentirme honrada hasta con los desprecios de un Torralba.
> —Ana María, tú sabes que yo tomé bastante. No me hables así.
> —En el baile de Nochebuena te condujiste lo mismo y hasta tu disculpa fue la misma. ¡Las copas! . . . Porque es muy claro: si tan grande sientes la distancia que nos separa, ocasiones sobradas has tenido para decírmelo. Pero que para ello escojas un sitio tan poco apropiado como un salón de baile, . . . es acción que no sé cómo calificar. Búscale tu mismo nombre.[10]

Torralba's conduct does not indicate a conscious contempt for Ana María. On the contrary, he is in love with her. Little more than a rude peasant, though with a personal fortune, he does not observe social niceties. It is Ana María's insecurity that makes her see Ramón's actions as a personal affront. After becoming his wife, she at last learns that he is immune to all rules of etiquette. On the day their first son is baptized, Ramón goes to his favorite cantina and becomes so intoxicated that he cannot appear at the christening party. At first embarrassed and angry at her husband's behavior, Ana María realizes by the end of the day that none of the guests reproaches Ramón for his absence: ". . . extinguidas las luces, muellemente hundida en su lecho, Ana María rememora lo acontecido y sonríe satisfecha. ¡Qué tontería la suya! ¿De dónde le había venido la idea absurda de que la conducta de un Torralba pueda parecerle incorrecta a nadie?'' (p. 304). On that day, Ana María realizes that she has become a part of the small-town elite which she has longed to join. She, like Ramón, will henceforth be above any criticism. When Ana María appears for the last time in the novel, only the narrator and Julia Ponce, making a brief return visit to the town, see her as she really is:

> A distancia se contoneaba la enorme rabadilla de la señora de Torralba; sus monstruosas caderas estallando bajo el paño azul oscuro de una falda de elegantísimo corte. Y bajo la falda unos choclos de tacones retorcidos e ignominiosas medias suelas que trabajosamente sustentaban en equilibrio una mole que amenazaba aplastarlos. (pp. 318–19)

The narrator, who emphasizes Ana María's voluptuous beauty in the early chapters of the novel, details her physical decline after her marriage. This young woman, once so conscious of style and fashion, becomes vulgar, unattractive and self-satisfied—exactly like her husband. Becoming Ramón Torralba's wife and thereby ascending to his social position, Ana María abandons the taste and refinement which she learned in the young ladies' academy that she attended with her wealthier friends.

Sidonie Chèbe, too, strives to become a part of the upper class. There is, however, in Daudet's fiction a recurring aristocratic dualism. Society's elite, like the exiled King Christian of Illyria (*Les rois en exil*), are pleasure-loving and weak of character, while the noble of spirit, like Claire Fromont and Frédérique, Christian's heroic queen, are the aristocrats whom the narrator obviously favors. It is clear throughout *Fromont jeune et Risler aîné* that Sidonie's social prominence is based on her physical beauty and her aggressive personality; she lacks Claire's depth of spirit. When Guillaume discovers that she has deceived him and contributed to the near financial ruin of the partnership, he forces her to kneel and beg Claire's pardon. Unwilling to humiliate herself before her old nemesis, Sidonie leaps to her feet and runs out into the wintry night. When Risler sees her again, several months later, she is a chanteuse in a low-class café. Repeatedly throughout the novel, the narrator comments that Sidonie never loses her petite bourgeoisie character. Always dazzled by the exterior trappings of high society, she is ideally suited to her new life. It is clear, moreover, that Sidonie's success is due to her beauty and not to her musical talent.

Close examination of the two novels shows that Ana María and Sidonie are quite alike. Though no other character brands Ana María as a shallow or vulgar woman, the truth is that the aristocracy of her town is almost universally superficial and tasteless. There is no true nobility to set standards of demeanor and style. The narrator in Daudet's novel makes it clear that Paris does indeed have a genuine aristocracy to which Sidonie will never belong.

Daudet's attitude of tolerance, carried over to *Sin amor*, makes that novel unique among Azuela's early works. The central character, Ana María, though she loses her beauty and grace, has the consolation of a comfortable life and social prestige. The narrator's tendency to express contempt for Ana María, showing how idle and unambitious she becomes, is counteracted by Julia Ponce's sincere pity at seeing her old friend. Foolish Lidia, too, who has sacrificed her own well-being in order to achieve the goals which she has forced upon her daughter, is shown neither as a martyr nor as a laughable fool; the narrator skillfully writes her out of the story, as she leaves for her son-in-law's ranch in a passage remarkable for its good humor.

Among the early works of Mariano Azuela, only *Sin amor* presents the reader an exception to the novelist's customary intolerance toward his characters' failings. Ana María's fate is not a happy one. Misguided by her own vanity and her mother's ambition, she choses wealth and status over the love that Enrique Ponce might give her. The tone of the novel is, however, not entirely depressing. The novelist, no doubt influenced by Daudet's artistic tolerance, inserts a conciliatory attitude found in few of his other works. Comparison with *Fromont jeune et Risler aîné* casts a new light on *Sin amor*, the one novel most atypical of Azuela.

University of Notre Dame
Notre Dame, Indiana

NOTES

[1] Luis Leal, *Mariano Azuela: Vida y obra* (México: Ediciones de Andrea, 1961), p. 42.

[2] *Trayectoria de la novela en México* (México: Botas, 1951), pp. 141–42.

[3] "El novelista y su ambiente (II)," in *Obras completas*, III (México: Fondo de Cultura Económica, 1960), 1130.

[4] "Mariano Azuela," *Revista Nacional de Cultura*, 24, No. 151–52 (1962), 124.

[5] "Las novelas de Mariano Azuela," *Revista de Literatura*, 6 (1954), 322.

[6] "Mi deuda hacia los libros," in *Obras completas*, III, 1280.

[7] *Portraits d'écrivains* (Paris: Delaplane, 1892), pp. 259–60.

[8] *Alphonse Daudet* (Boston: Twayne, 1976), p. 162.

[9] *Fromont jeune et Risler aîné* (Paris: Charpentier, 1926), p 96. Subsequent page references correspond to this edition.

[10] *Sin amor*, in *Obras completas*, I (1958), 241–42. Subsequent page references correspond to this edition.

Importancia de los humores en la selección de consejeros

AGAPITO REY

Consérvase de la Edad Media una copiosa literatura didáctica o doctrinal derivada de los dichos de sabios antiguos y de los apólogos orientales traídos a España por árabes y judíos, que tanto contribuyeron a la difusión de las literaturas clásicas en Europa.

La primordial preoccupación de esa literatura didáctica era la educación del príncipe o gobernante y la selección de sus consejeros. Es literatura poco original, pues los escritores medievales se precian en emular a sus predecesores y en citarlos extensamente para dar mayor autoridad a sus escritos.

La educación del príncipe se hace por medio de *exempla*: apólogos, fábulas, dichos o sentencias morales que indican con el ejemplo la vida y conducta que el buen príncipe debe observar. Introdúcense asimismo consejos de sabios filósofos, aplicables a toda clase de situaciones.

Los sabios dicen que el príncipe debe rodearse de buenos consejeros que le ayuden a gobernar, pero la selección de ministros idóneos no es fácil. Para acertar se recomienda tener en cuenta los temperamentos y rasgos personales del futuro estadista. Los antiguos clasificaban a los hombres en sanguíneos, coléricos, flemáticos y melancólicos, según sus humores, que correspondían a los cuatro elementos: aire, fuego, agua y tierra. En diferentes horas del día y de la noche uno de esos elementos domina más que ninguno de los otros e influye sobre el individuo. Influye también el signo del planeta que rige al tiempo que el cuerpo se engendra en el vientre de la madre, y determina las características del que nace.

La primera presentación de tales teorías la hallamos en *Poridad de las poridades* del siglo XIII, que es una versión de *Secretum Secretorum*.[1] En los consejos que Aristóteles da a Alexandre para la selección de consejeros pone énfasis en las características personales. En "Capítulo de las fechuras de los hombres" da el significado de varios rasgos humanos: "el que es muy aluo et muy ruuio, et demas zarco, es sennal de desuergonçado, et de traydor, et de fornicioso, et de poco seso" (p. 62). Si por añadidura tuviere pequeña barbilla, grandes quijadas, cuerpo rojo y mucha cabellera, entonces uno debe guardarse de él como se guardaría "de la biuora mortal." Ojos azules indican que el hombre es "enbidioso, et perezoso, et desuergonçado." Pelambre en el cuerpo "muestra poco entendimiento, et que es de natura saluage, et que ama el tuerto" (p. 63). El que tiene nariz larga es peleón; el romo es "mintroso et parlero"; el de boca grande es esforzado; el de labios gruesos es loco y de poco entendimiento. Se extiende sobre los rasgos personales para luego describir el tipo ideal que Alexandre debe buscar para consejero. En la selección del alguacil y de otros oficiales importantes, aconseja Aristóteles que no se tome "omne rubio nin bermeio, nin fiedes por tal omne, et guardat uos del como uos guardariedes de la biuora de la Yndia, la que mata con el catar" (p. 49).

Poridad de las poridades no se extiende sobre la influencia de las constelaciones en los rasgos humanos. Trae una breve discusión de los cuatro tiempos o estaciones del año, limitada a la recomendación de alimentos y actividades apropiados para los diferentes temples. Esos dichos sobre los cuatro tiempos hállanse también al final de uno de los manuscritos (MS. 9216 B.N.) del *Libro de los cien capítulos*.

El tema alcanza mayor desarrollo en el *Lucidario*.[2] Se introduce la discusión de los humores cuando un discípulo pide al maestro que le explique por qué los hombres no se semejan los unos a los otros como los animales. No se asemejan porque en el cuerpo humano entran cuatro humores a semejanza de los cuatro elementos: *colora*, a semejanza del fuego; *sangre*, a semejanza del aire; *flema*, a semejanza del agua; *malenconia*, a semejanza de la tierra. Además, los signos de las constelaciones influyen al tiempo en que se engendra la criatura y determinan sus rasgos, aunque Dios puede alterar esa influencia. Describe los cuatro tipos de hombre, pero no con la amplitud que le da Martínez de Toledo, como veremos más adelante.

El *Libro de los cien capítulos*, íntimamente relacionado con *Flores de filosofía*, ocúpase de los humores en parecidos términos a los de las obras ya indicadas. Amplifica la descripción de los rasgos personales:

> el omne colerico es enxuto en sus miembros baço en el color, atrevido en coraçon, ligero de sus mienbros, largo de su haber, cumplido de razón, amador de mugeres e firme en creencia, e a los quarenta años enferma, e sy vence vive grant tienpo. Su signo es de tauros. . . . El sanguineo es rubio, alegre en su corazon . . . quierenlo mas los estraños que los suyos.[3]

El colérico con melancolía es sañudo en sus hechos, cree de ligero; es de color verde y bazo; piernas cortas; es tacaño y mentiroso. Tiene el signo de Escorpión.

El sanguíneo con cólera es liberal y gracioso entre la gente; color hermoso, y dientes iguales; es venturoso en todas sus cosas. Tiene los signos de Cáncer y Aries.

El sanguíneo con flema es de color hermoso, manos blancas, barba rala. Comienza muchas cosas, no da cabo a ninguna; es dormilón. Sus signos son Aries y Sagitario.

Dice San Isidoro (*Etimologías*, IV, v) que todas las enfermedades nacen de los cuatro humores del hombre, o del exceso de alguno de ellos.[4]

El Arcipreste de Hita trae toda una cántiga que "Fabla de la constelación e de la planeta, en que los omes nasçen" (I, 56).[5] Cree Juan Ruiz que la ciencia de la astrología judiciaria establece:

> Qu'el omne quando nasçe, luego en su naçençia
> El signo en que nasçe le juzgan por sentencia. (c. 123)
>
> Qual es el asçendente e la costellaçión
> Del que nasçe, tal es su fado et su don. (c. 124)
>
> Muchos nasçen en Venus, que lo mas de su vida
> Es amar las mugeres; nunca se les olvida. (c. 152)
>
> En este signo atal creo que yo nascí. (c. 153)

Mas Juan Ruiz no concede poder absoluto a las constelaciones:

Yo creo los estrólogos verdad naturalmente
Pero Dios que crió natura e açidente
Puedelos demudar e fazer otramente. (c. 140)

Invoca la autoridad de Platón y Tolomeo.

Otro Arcipreste, el de Talavera, amplifica la discusión de las constelaciones en todos sus aspectos. Alonso Martínez de Toledo se ocupa en *El Corbacho* de los humores, que el llama "complysiones," para clasificar a los hombres, y explicar el origen de sus buenas y malas calidades. Dice el Arcipreste: "Desta materia largamente fallarás en el libro *De secretis secretorum* que fizo Aristótyles a Alixandre" (III, vi),[6] pero su relato es mucho más extenso y detallado que el contenido en *Poridad de las poridades* o en los otros textos citados, que tienen todos el mismo origen. Martínez de Toledo dedica la Parte III de *El Corbacho* al análisis de los humores y constelaciones para establecer las calidades que debe tener el buen amador.

El sanguíneo, cuyo humor es aire, que es húmedo y caliente es hombre alegre, placentero, riente, sabedor, danzador y bailador, ligero, de fácil reír. "Es fresco en la cara, en color bermejo e fermoso sobejo, honesto e mesurado" (p. 136). Es justiciero, pero incapaz de administrar justicia por su espíritu misericordioso. El sanguíneo está dominado por los signos de Géminis, Libra y Acuario. Los sanguíneos son bienaventurados; deben cuidarse de no dejarse sangrar.

El colérico está dominado por el elemento del fuego, que es caliente y seco. Estos tales se irritan fácilmente: son soberbios y fuertes. Su destemplanza les dura poco, pero mientras les dura son peligrosos. Son sueltos en el hablar, osados, atrevidos, ligeros de cuerpo, sabios, "sobtiles e ingeniosos, solícitos y prontos." Son hombres para mucho. Aman justicia, pero no sirven para ejecutarla, pues dominados por la cólera son como carniceros, crueles y vengativos; cuando se les pasa se arrepienten. Están dominados por los signos de Aries, Leo y Sagitario; ardientes como fuego; "han viso de los ojos muy vivo, e el entendimiento muy agudo; e son sañudos de natura."

Los flemáticos, por su naturaleza del agua, son tibios, "nin buenos para acá, nin malos para allá" (p. 137); perezosos, dormidores pesados; no son buenos para reír ni para llorar. Son de poco hablar, solitarios, sospechosos, no entremetidos; flacos de saber, ligeros de seso. Tienen color como de abuhado (sapo). Encanecen pronto a causa de la friura de la flema que tienen en la cabeza. No deben comer carne de puerco fresca, ni pescado, "porque es de su natura." Por la misma razón no deben beber agua, sino vino. Están dominados por Cáncer, Escorpión y Piscis.

Los melancólicos, cuya naturaleza es la tierra seca y fría, son hombres muy destemplados, sin tiento ni mesura. Son tacaños en extremo; son malcomportados, reñidores, pendencieros. Son destemplados en todo lo que hacen, "sinon dar con la cabeza en la pared." Son inicuos, maldicientes, tristes, suspirantes y pensativos. Evitan los lugares de regocijo, y no les gusta ver que otros se solacen. Son sañudos y prontos con los puños; porfiados,mentirosos, engañosos, y con muchas otras tachas. Son crueles sin mesura en sus hechos. Están dominados por Virgo, Tauro y Capricornio. Son muy dados a fantasear a causa de la sequedad de su cerebro, que a veces resulta en locura. Ríen poco, pero cuando lo hacen es a largas carcajadas. Son de color entre pardo y ceniciento.

El signo del planeta que domina sobre el hombre determina sus calidades: Aries, cuyo planeta es Mercurio, es masculino y señorea la cabeza de la criatura; Tauro, cuyo planeta es Venus, es femenino y señorea el cuerpo; Géminis, cuyo planeta es Mercurio, es masculino, señorea los brazos; Cáncer, cuyo planeta es la Luna, es femenino y señorea los pechos; Leo, cuyo planeta es el Sol, es masculino y señorea el corazón; Virgo, cuyo planeta es Mercurio, es femenino y señorea el vientre y el estómago; Libra, cuyo planeta es Virgo, es masculino y señorea el ombligo; Escorpión, cuyo planeta es Marte, es femenino y señorea las partes vergonzosas; Sagitario, cuyo planeta es Júpiter, es masculino y señorea los muslos y el espinazo; Piscis, cuyo planeta es Júpiter, es femenino y señorea los pies; Capricornio, cuyo planeta es Saturno, es femenino y señorea las rodillas.

Además hay que tener en cuenta ciertas características naturales: cabellos crespos o bermejos, canos prematuros, cabeza redonda o larga, frente arrugada, narices romas o largas, ojos hundidos y chicos o rojos, boca grande o pequeña; ceceosos, tartamudos, dientes grandes o menudos, cara redonda, orejas grandes, prominentes quijadas, cuello gordo, bizco o tuerto, lisiado corcobado, gibado, cuerpo velloso o liso, piernas torcidas, manos y pies pequeños, etcétera.

Teniendo en cuenta los humores y los rasgos personales del

hombre, el Arcipreste de Talavera establece sus calidades amatorias: el sanguíneo es muy enamorado y su corazón arde como fuego; ama a diestro y siniestro cuantas mujeres ve. La mujer que tal hombre ama se tiene por dichosa, aunque sea vituperada por sus parientes y por la gente. El sanguíneo es inconstante en sus amores.

Los coléricos son robustos en el amor, pero peligrosos por su pronta cólera y arrebato. Las mujeres los aman, porque éstos vengarán sus injurias y desaires. Los flemáticos son los más hábiles para arte de amar. No se entremeten en cosas de pro ni de honra. Para ser amados les faltan las calidades deseables; son cobardes y "no son buenos para amar ni para ser amados." Los melancólicos, tristes, maliciosos y truculentos, son capaces de vender a su propia mujer. La que tal marido o amigo tiene en peligro está de perdición y muerte.

En la Edad Media se tomaban en serio las calidades personales resultantes de los humores en la selección de personas que habían de ocupar puestos de importancia en el gobierno. Los sabios instruían a los príncipes sobre qué hombres habían de escoger para consejeros. Varios libros exponen las virtudes que deben relucir en el príncipe y sus consejeros. El más conocido es el *De Regimine Principum* de Egidio Romano, que sirvió de modelo a *Castigos e documentos*, atribuido a Sancho IV, rey de Castilla.[7] La obra fue escrita a últimos del siglo XIII para instruir al príncipe heredero, Fernando, a la razón de niño de pocos años. Se insiste en que los gobernantes deben ser buenos cristianos, caritativos, templados, castos y justos; cuidadosos en lo que dicen y en no revelar sus secretos. El gobernante debe apartarse de los lisonjeros y falsos amigos; debe buscar el consejo de los sabios prelados y desechar el de los necios, traidores o mentirosos. El príncipe tratará de no mezclarse con el pueblo en sus diversiones, ni narrar buenos cuentos a los que no sepan apreciarlos. Los muchachos han de ser criados por los padres, pues las madres los echan a perder con sus mimos.

Importaba mucho que los consejeros del rey fuesen virtuosos y hábiles, como lo expone Albertano da Brescia en *Liber Consolationis et Consilii*. Este tratado fue ampliado en el *Libro del consejo y de los consejeros*.[8] Se aconseja no nombrar consejeros jóvenes, porque son demasiado impetuosos y ligeros en sus decisiones, aunque *Poridad de las poridades* se opone al nombramiento de consejeros viejos, porque cree que la decadencia física lleva consigo la mental. *Flores de filosofía*, amplificado en el *Libro de los cien capítulos*, muestra por medio de *exempla* y apólogos cómo el príncipe y los consejeros han de ser inteligentes y sabios; diestros con la pluma y la espada, sus indispensables armas. Le conviene al príncipe favorecer a los poetas, ya que éstos inflaman los corazones de los pusilánimes y hacen resaltar la nobleza de las costumbres. El poeta sabe ensalzar o vilipendiar la conducta de los hombres. La nobleza se pierde si falta un poeta que la cante. El príncipe debe enseñar a sus hijos el arte de versificar, más importante que la habilidad para escribir versos.

Santo Tomás de Aquino en sus análisis del perfecto monarca concede gran importancia a la selección de sus secretarios o ministros. Lo mismo harán los tratadistas del Renacimiento. Furió Ceriol en su obra dedicada a Felipe II, *El consejo y los consejeros del príncipe* (Amberes, 1559), lo mismo que su modelo, Santo Tomás, insiste en que los ministros deben poseer elevadas calidades morales y profesionales. Ante todo, deben ser hábiles en su especialidad: un hombre virtuoso pero torpe es inútil. El hombre no debe buscar el puesto, sino al contrario, el puesto debe buscar al hombre más calificado.

El ministro debe saber expresarse, porque a veces tendrá que hablar a nombre del príncipe. Los ministros necesitan hablar varias lenguas, particularmente las de su pueblo, y las de sus aliados y enemigos. Recomienda que los ministros de Felipe II sepan hablar latín, árabe, italiano, francés y alemán, además del español. El príncipe debe probar en persona la habilidad lingüística de sus ministros y no depender de recomendaciones, no siempre de confiar. Los ministros deben ser asiduos lectores de historia antigua y moderna, y conocer bien a su pueblo, a sus vecinos y enemigos. Ha de saber distinguir verdaderas calidades y no seguir al vulgo que toma al avaro por ahorrador, al supersticioso por santo, al despilfarrador por liberal, al sabio por chiflado, y al curioso por loco.

Los ministros deben haber viajado extensamente, pero no como turistas que nunca se enteran de nada. Deben saber que hay sólo dos mundos: el de los buenos y el de los malvados. Los buenos lo son ya sean judíos, moros o paganos; lo mismo se puede decir con respecto a los malvados.

En iguales circunstancias, el principe debe dar preferencia a los suyos, pero si hay un extranjero con superiores calificaciones, se le ha de preferir al nativo.

En la selección de ministros es importante tener en cuenta las características físicas del individuo, y escogerlos entre la edad de los treinta a los sesenta años. Los jóvenes son impetuosos y faltos de experiencia; los viejos son vacilantes, aferrados a sus ideas. Deben evitarse los extremos en estatura, y los tullidos o deformados. No hay ministros natos; sus calificaciones vienen de combinación de virtudes innatas y habilidades adquiridas por medio del estudio.

Como ciertos temperamentos indican habilidad y otros no, el príncipe debe escoger sus ministros entre los sanguíneos o los coléricos, y nunca entre los flemáticos o melancólicos. Conviene escoger hombres de diferentes provincias, y de variados conocimientos y aficiones. La selección ha de hacerse con calma, después de previa información. Mas, una vez nombrados los ministros, el príncipe debe escuchar sus consejos y confiar en ellos, pero reservarse para sí las decisiones definitivas en los problemas que se presentaren.

También importa escoger la forma de gobierno. Santo Tomás hace resaltar las ventajas de una monarquía, cuando el rey es virtuoso. Nicolás Maquiavelo en *El príncipe* (1527) está de acuerdo con Santo Tomás, pero considera también que un rey no puede gobernar sólo con la virtud. Al tratar con el enemigo el rey ha de tener la fuerza del león y la agudeza de la zorra.

Fray Martín de Córdoba en *Compendio de fortuna*, dedicado a don Alvaro de Luna, sostiene que la fortuna próspera obedece a impacto divino que premia al hombre virtuoso. La causa de la fortuna adversa

se puede tomar del cielo e de las constelaciones, de las cuales, segund algunos, como de segundas causas depende la fortuna . . . por qué es uno afortunado y otro no. Podemos dezir que esto viene del diverso aspecto que ouieron en sus natiuidades por quanto ay planetas beniuolos e otros maliuolos, e un hombre mesmo agora ha buena fortuna, despues mala, por quanto la buena seguio al accidente de la planeta e non duro mas de quanto fue el tal accidente. Luego como fue en decenso, ceso la buena e por el contrario, seguio la mala.[9]

Pero las estrellas no influyen en los actos humanos; dependen del libre albedrío.

El doctor Huarte de San Juan en *Examen de ingenios* (1575) estudia con amplitud los humores y su contribución a la formación de los ingenios para establecer cuáles son más aptos para las ciencias.[10] Ese es el propósito del autor y su recomendación a Felipe II en la dedicatoria de la obra. San Juan no se ocupa de la influencia de los planetas, a lo que el Arcipreste de Talavera da tanta importancia. San Juan basa su estudio principalmente en Galeno y otros médicos. Clasifica los temperamentos y sus calidades según la edad del individuo: *puericia*, caliente y húmeda; *adolescencia*, templada; *juventud*, caliente y seca; *vejez*, fría y seca.

Nos dice que el templado es flojo; que ''el rezar, contemplar y meditar enfría y deseca el cuerpo, y le hace melancólico'' (Cap. v). Los diferentes ingenios se deben a la cantidad de calor, humedad y sequedad, de que dependen los humores. ''Prudencia y buena maña del ánima nace de la cólera; ser el hombre entero y constante proviene del humor melancólico; ser bobo y simple, de la sangre; de la flema para nada se aprovecha más que para dormir'' (Cap. viii).

La humedad favorece la memoria, que hace al hombre apto para aprender lenguas, teología y aritmética. La sequedad resulta en entendimiento que facilita el estudio de medicina, filosofía y jurisprudencia. El calor influye en la imaginativa, buena para artes y ciencias, poesía, pintura, etcétera.

Hay también diferencias entre flacos y gordos. Estos son de temperamento caliente y húmedo; los flacos, de temperamento frío y seco. ''Los calientes y secos son hombres de ánimo, desvergonzados, de buen donaire y mujeriegos. Los calientes y húmedos son alegres, afables, sencillos, no muy dados a mujeres'' (Cap. xviii). Si los hombres tienen cabellos crespos, negros y ásperos es indicio de buena imaginativa o de buen entendimiento. Si sus cabellos son blancos y delicados es indicio de buena memoria y no más (Cap. ix).

Cree Otis Green que Cervantes seguramente tomó de San Juan de la Cruz la idea del ingenioso hidalgo.[11] Don Quijote es caliente y seco; es decir, sanguíneo antes de su primera salida. Después de su derrota en Barcelona se convierte en melancólico. Los sanguíneos como don Quijote eran ''flacos, morenos y vellosos.''

Miguel Sabuco en el *Coloquio del conocimiento de sí mismo*, ''en el cual hablan tres pastores filósofos en vida retirada,'' no se ocupa de los humores, pero hace resaltar la influencia de las emociones y condiciones fisiológicas en el espíritu del individuo.[12]

Escritores del Renacimiento siguen atribuyendo rasgos personales y nacionales al influyo de los planetas. De España dice Luis Ortiz que "como tenga su asiento debajo del signo de Sagitario, y crie los hombres coléricos y bulliciosos, con mas avilidad para sostener los trabajos de las armas que dispusicion ingeniosa para las letras, con alguna razón era abatida e infamada de los griegos y romanos."[13]

De Felipe II se decía que

> su temperamento sanguíneo, de mediana mistura de melancólico para moderar el altivo movimiento de la sangre, le dio (como suele) vida larga, señoril presencia, agudeza de ingenio, gran memoria, inclinación a lo justo, fiel, magnífico, impresión fácil de la virtud, alegría y atracción del ánimo, que hizo de muchos feliz el curso de la via.[14]

De Ignacio de Loyola dice el padre Pedro de Rivadeneira que era cálido de complexión y muy colérico.[15]

Fray Luis de León es melancólico. Nos dice que la diferencia entre él (Marcello) y Sabino se debe a "edad y humores diferentes, que nos predominan, que se despiertan en esta vista, en vos de sangre, y en mi de melancolía."[16]

En los siglos XVI y XVII se publicaron numerosos tratados sobre las características de los príncipes y de sus consejeros. Destácanse por lo ampuloso *Emblemas morales* (Madrid, 1591) por Sebastián de Covarrubias Orozco; *Emblemas regio-políticos* (Valencia, 1658) de Juan Solórzano Pereira; y la obra de Diego Saavedra Fajardo, *Idea de un príncipe cristiano*, da una amplia lista de tratadistas españoles de la época.[17]

Saavedra (Empresa lxxxi), siguiendo a los geógrafos, divide la tierra en siete climas, "sujeto cada uno al dominio de un planeta, como causa de su diferencia entre los demás" (IV, 35). Los que dominan los climas son Saturno, Júpiter, Marte, Sol, Venus, Mercurio y Luna. La variedad de climas e influencia de planetas son la causa de la variedad de temperamentos y costumbres en las diferentes naciones. "Los septentrionales, por la ausencia del sol y frialdad del país, son sanguíneos, y así, robustos y animosos." A los que viven en "naciones vecinas al sol deseca la destemplanza del calor la sangre, y son melancólicos y profundos en penetrar los secretos de la naturaleza'' (IV, 37). En naciones bajo un mismo clima, las gentes muestran diferentes cualidades y aptitudes: los españoles aman la religión y la justicia; los africanos son astutos, falaces, supersticiosos, bárbaros, que no observan alguna disciplina militar; los italianos son advertidos y prudentes; los franceses son corteses, afables y belicosos; los ingleses son graves y severos. Similares observaciones alcanzan a otras naciones, que Saavedra pormenoriza para que el príncipe sepa qué embajadores les enviar, y cómo deben conducirse en sus tratos.

Indiana University
Bloomington, Indiana

NOTAS

[1] Pseudo Aristóteles, *Poridad de las poridades*, ed. Lloyd Kasten (Madrid: Seminario de Estudios Medievales de la Universidad de Wisconsin, 1957).

[2] *Los ''Lucidarios'' españoles*, ed. crít. R. P. Kinkade (Madrid: Gredos, 1968).

[3] Agapito Rey, ed., *Libro de los cien capítulos*, Indiana University Humanities Series, 44 (Bloomington: Indiana University Press, 1960), p. 65.

[4] San Isidoro, *Etimologías* (Madrid: Editorial Católica, 1951), p. 102.

[5] Juan Ruiz, *Libro de buen amor*, ed. J. Cejador, 3^a ed., Clásicos Castellanos, 14, 17 (Madrid: Espasa-Calpe, 1931), coplas 123–65.

[6] Alfonso Martínez de Toledo, *Arcipreste de Talavera*, ed. Mario Penna (Torino: Rosenberg & Sellier, 1955), p. 140.

[7] *Castigos e documentos para bien vivir*, ed. crít. A. Rey, Indiana University Humanities Series, 24 (Bloomington: Indiana University Press, 1952).

[8] Agapito Rey, ed., *Libro del consejo y de los consejeros*, Biblioteca del Hispanista, 5 (Zaragoza, 1962).

[9] Fray Martín de Córdoba, *Compendio de fortuna*, ed. R. Fernando Rubio (El Escorial: Biblioteca de ''La Ciudad de Dios,'' 1958), p. 138.

[10] Juan Huarte de San Juan, *Examen de ingenios para las ciencias (1575)*, Biblioteca de Autores Españoles, 65 (Madrid, 1929), pp. 397–520.

[11] Otis Green, ''El ingenioso hidalgo,'' *Hispanic Review*, 25 (1957), 175–93.

[12] Miguel Sabuco, *Coloquio del conocimiento de sí mismo*, Biblioteca de Autores Españoles, 65 (Madrid, 1929), pp. 332–76.

[13] Luis Ortiz, Prólogo, *Catorce cuestiones del Tostado* (Burgos, 1545), cita de Américo Castro, *Aspectos del vivir hispánico* (Santiago de Chile: Cruz del Sur, 1949), p. 167.

[14] Luis Cabrera de Córdoba, *Felipe Segundo, Rey de España* ([Madrid: Luis Sánchez, 1619]; Madrid: Aribau, 1876–77), Cap. i.

[15] Pedro de Rivadeneira, *Vida de San Ignacio de Loyola* (1583), Biblioteca de Autores Españoles, 60 (Madrid, 1868), Cap. v.

[16] Fray Luis de León, *De los nombres de Cristo*, ed. Federico de Onís (Madrid: Clásicos Castellanos, 1914), I, 22.

[17] Diego Saavedra Fajardo, *Idea de un príncipe cristiano*, ed. Vicente García de Diego, 4 vols. (Madrid: Clásicos Castellanos, 1927–30). El editor (I, 15–25) da una amplia lista de tradadistas españoles de la época.

En la cultura azteca los signos bajo los cuales nacía el individuo determinaban su destino. Fr. Bernardino de Sahagún dedica el Libro IV de su *Historia general de las cosas de Nueva España* (México: Pedro Robredo, 1938) a la astrología judiciaria. Por los signos los aztecas predecían "cuáles días eran bien afortunados y mal afortunados, y qué condiciones tendrían los que nacían en esos días." Los que nacían bajo el signo de *cipactli* 'pez' eran de buena fortuna, si no la perdían por negligencia. El signo *océlotl* 'tigre' indicaba mala fortuna y esclavitud; bajo el signo de *tochtli* 'conejo' nacían los borrachos. Los que nacían bajo el signo de *xochitl* 'flor' eran alegres, inclinados a la música y a los placeres, y las mujeres, grandes labranderas y liberales de su cuerpo.

Alfonso Reyes al cruce de los caminos

JAMES WILLIS ROBB

El hecho de que una holandesa se dirigiera en castellano a un norteamericano respecto a un homenaje al mexicano Alfonso Reyes (como una vez sucedió) despierta reflexiones sobre la resonancia e interrelaciones universalistas de este "hombre de caminos" que es Alfonso Reyes, según la feliz expresión de Xavier Villaurrutia.[1] No sería la primera ni la última vez que Reyes hubiera sido agente catalítico, mensajero y mediador en la formación de los enlaces interculturales.

"¡Oh X mía, minúscula en ti misma, pero inmensa en las direcciones cardinales que apuntas: tú fuiste un crucero del destino!"[2] Así expresa el propio Reyes su vocación de mexicano universal por excelencia. Esa X, símbolo de México, que lleva marcada indeleblemente en la frente o en el corazón es al mismo tiempo una serie de brazos tendidos en todas las direcciones del universo.

Recordemos también lo que dijo don Alfonso de su compatriota del siglo XVII, el dramaturgo don Juan Ruiz de Alarcón: "Hoy podemos decir que fue la primera voz universal brotada entre nosotros y que con él, por vez primera, México toma la palabra ante el mundo, rompiendo al fin las duras aduanas coloniales."[3]

Así en Alfonso Reyes, en nuestro siglo XX, México toma la palabra ante y en el mundo, al cruce de los más alentadores caminos de la cultura universal, abriendo los vasos comunicantes, las vías de comunicación y entendimiento.

Villaurrutia señaló en la obra de Reyes dos grandes caminos plurales: "Los caminos de Europa" (primero, el de España; luego, los de Francia e Inglaterra; los de Italia, Alemania; el de Grecia, que a veces lleva a Inglaterra, Francia o Alemania, si no a México o a la Argentina);[4] y "El camino de América" (primero, el de México: "la tarea de encontrar el carácter, el alma nacional"; luego, el de los grandes espíritus como Bello, Cuervo, Bolívar, Montalvo, Martí, Darío). Y podremos verlos como dos grandes redes de caminos, que se dan la mano o se bifurcan, corren paralelamente o se entrecruzan, y de todos modos siempre llevan a nuevas perspectivas y horizontes. Podremos seguir éstos y otros caminos laterales a través de toda su vasta obra a la vez tan diversa y tan sinfónicamente armónica, llegando al fin del viaje siempre ricamente premiados con la multiplicación de nuestra experiencia intelectual y estética. El barco en que nos embarcamos para este viaje "por mares interiores" o por el gran océano de los descubridores por ahora es el ensayo—el ensayo literario de infinitos colores y matices, de infinitas direcciones e itinerarios, que milagrosamente fusiona la erudición y la poesía, la inteligente penetración y la ligereza del ameno juego.[5]

Por el momento sigamos al menos someramente algunos de estos caminos, dentro de dos etapas de la actividad literaria de Alfonso Reyes. México, París, Madrid, Río y Buenos Aires fueron puntos focales de su gran labor de misionero de la cultura. Río de Janeiro (donde pasa varios años, de 1930 a 1936 y de 1938 a 1939) resulta ser un crucero del destino muy especial para él, así como Buenos Aires (de 1927 a 1930, de 1936 a 1937). Allí se encuentra al cruce espiritual de dos ejes geográficos de su universo: "Norte y Sur" (México—Sudamérica) y "Este y Oeste" (Europa—América). Desde Río y Buenos Aires redacta su genial correo literario personal, *Monterrey*, compartido con amigos en todos los puntos cardinales del mundo. *Monterrey*, bautizado con el nombre de su ciudad mexicana nativa, es un mirador para contemplar las interrelaciones culturales europeo-americanas. Allí se cristaliza e intensifica esa preocupación tan suya por relacionar todo lo americano con lo europeo y viceversa, ver uno siempre a la luz del otro. Así, en *Monterrey*, hay esos breves ensayos medulares que enfocan cada uno una figura europea en función de su relación con América: "Goethe y América" (*OC*, XII, 71–82);

"Saint-Simon y América," "Rousseau el aduanero y México," y "Paul Morand en Río" (*OC*, VIII, 299–330, 302–03, y 255–60). Otros de tipo parecido, escritos en diversas ocasiones, son: "Chateaubriand y América" (*OC*, III, 426–32); "Valle-Inclán y América" (*OC*, IV, 283–86); "Góngora y América" (*OC*, VII, 235–45); "Los ojos de Europa" (*OC*, VIII, 304–07); "Garibaldi y América" y "Garibaldi y Cuba" (*OC*, IX, 74–80 y 81–85); "José Moreno Villa en México" y "América vista desde Europa."[6]

Véase, como un solo ejemplo entre muchos, ese ensayito "Paul Morand en Río," tan típico de su técnica de enfoque "estereoscópico," en que la rica perspectiva total se logra a través de una serie de dobles perspectivas: aquí la ciudad brasileña de Río de Janeiro se ve simultáneamente por los ojos de dos extranjeros, un europeo (el francés Morand) y un americano (el mexicano Reyes). Dos visiones nocturnas—del "Mangue" y de una *macumba* en Niterói—revelan dos aspectos fundamentales—lo manifiesto y lo escondido—de un Río múltiplemente "doble": el Río "blanco" y el Río "negro," un Río de vicio y de virtud, de día y de noche, un mundo natural y un mundo sobrenatural, de Africa pagana y Europa cristiana. Es casi increíble que se pueda sugerir tantas perspectivas dentro de la forma tan concentrada de estas cápsulas del breve ensayo.

Pensemos ahora en otra etapa interesante de la actividad literaria de Alfonso Reyes, la que podremos llamar de la "Capilla Alfonsina," de sus últimos veinte años tan fecundos pasados en México, y específicamente en el pequeño libro *A campo traviesa*, compuesto de ocho ensayitos escritos en los siete años finales de 1952 a 1959.[7] Este título encantador sugiere precisamente un viaje o excursión no por el camino o la carretera central, sino cortando a través del campo, evitando los caminos trillados. Aquí veremos que cinco de los ocho ensayos nos llevarán por variaciones del camino Europa-América, sin hablar de algunas excursiones laterales.

El primer ensayo de este grupo, "Hrotsvitha," nos presenta la monja-comediógrafa-poetisa sajona del siglo X, contraparte o alma gemela de la genial monja-poetisa mexicana, Sor Juana Inés de la Cruz, estrella del mundo barroco colonial hispanoamericano:

> Acá para nosotros, ¿cómo no hemos de recordar, ante este ejemplo de la monja con letras, a Sor Juana Inés de la Cruz? Los prefacios mismos,

> sazonados de cierta mística coquetería, en que habla de su vocación y sus propósitos, y se presenta ante sus protectores "inclinada como una espiga," pero segura de los dones que la Providencia le ha concedido y satisfecha de sus esfuerzos estudiosos ("pues soy criatura capaz de instrucción") nos hacen pensar en la poetisa mexicana. Por lo demás, dos mundos, dos planetas distintos. (*ACT*, p: 15)

Aquí seguimos el camino Europa-México, a siete siglos de distancia. La misma ojeada a Hrotsvitha nos lleva por otros caminos laterales— el de Sajonia a Grecia ("H . . . ha sido llamada la Safo cristiana. . . ." *ACT*, p. 15)—y el casi circular de Sajonia-Italia-Holanda, pues: "Tal es el teatro de la monja Hrotsvitha, que recuerda la pintura de Cimabué o los grabados de Lucas de Leyden: única manifestación de la escena europea en el milenio que va desde Séneca hasta las primeras representaciones cristianas" (*ACT*, p. 13).

El segundo ensayo de esta colección, "Fábula de los lectores reales," nos hace entrar en el mundo del Renacimiento francés en torno a los esfuerzos humanísticos del rey Francisco I, que creó la institución de los "lectores reales," antecesora del Collège de France, alta casa de estudios hoy existente. Este camino de Francia nos conduce también de Francia a México, pues resulta que dicho Collège de France fue "más o menos," dice don Alfonso, el modelo del Colegio Nacional, ilustre instituto humanístico mexicano creado formalmente en 1945: cofundadores, Antonio Caso y Alfonso Reyes. Como en el ensayo anterior, seguimos con don Alfonso el camino del humanismo universal a través de los siglos y de los países. Aquí también pasamos a España por un pequeño desvío lateral: "hay que recordar, para ser justos, que el rey Francisco I, prisionero en España, había podido observar de cerca la admirable Universidad de Alcalá, obra del Cardenal Cisneros" (*ACT*, pp. 17–18).

En "Sergas de la reina platónica" proseguimos por los caminos del humanismo universal, otra vez en el ambiente renacentista francés, con la reina Margarita de Navarra, "la 'única Minerva de Francia,' " apodo que de soslayo podrá traernos otro recuerdo de Sor Juana, la "Décima Musa" mexicana. Esta vez resaltan las vinculaciones con el Renacimiento italiano—Bocaccio, Castiglione, Petrarca—y hasta la Grecia antigua en el pensamiento plátonico. Este camino del Renacimiento francés es a la vez el camino Francia-Italia-Grecia hacia las raíces clásicas de la cultura occidental.

El próximo ensayo, "La vestimenta romántica de la historia," nos pasea por los caminos de la historia en la época romántica del siglo XIX, a través del arte historiográfico de Chateaubriand, Scott, Thierry, Carlyle. Aquí nos concentramos en Francia e Inglaterra, pero con Chateaubriand volvemos al pasado de Grecia, Roma, Palestina, Africa del Norte, España, Alemania, etcétera, y con los cuatro historiadores nos ahondamos en el sentido de la historia, de pasado y presente, recordando otros ensayos alfonsinos sobre el tema (v.g., "Mi idea sobre la historia").[8]

El título aparentemente jocoso, "Hablemos de caballos," abre la puerta a iluminadoras perspectivas al llevarnos por senderos del mito y de la historia, por el Camino Real de Europa a América, hasta la conquista de México por Cortés, examinando el sentido mágico del caballo para el europeo y para el indígena americano:

> Más allá del jeroglifo [sic] de sangre, por sobre el túmulo de las crueldades y las luchas, se dejan adivinar unos símbolos, unas fuerzas espirituales que de algún modo contribuyeron a la Conquista y la explican en algún modo: el Héroe, la Mujer, el Cometa, el Caballo. Por lo pronto, el Caballo representa ese elemento de exotismo y superioridad armamental que los españoles exhibían ante los ojos deslumbrados de los indígenas, objeto de magia y veneración, superstición del centauro junto a la cual el arcabuz viene a ser la superstición del fuego y del rayo. (*ACT*, p. 55)

Jocoseriamente se puede decir que "América es la más noble conquista que el caballo haya hecho jamás" (*ACT*, p. 59). En el recuerdo personal de don Alfonso se aviva el hecho de que la unidad centáurica de caballo y hombre ha seguido siendo en México hasta hoy o hasta ayer un mito de plena vigencia vital:

> Mis mayores, al evocar sus recuerdos, no hablaban sólo de hombres, sino también de caballos, como si dieran por muy sabido y natural que a los caballos mexicanos les tocaba parte sobresaliente en la responsabilidad del combate. Así, en mi mente infantil, el caballo y el hombre se me vinieron fundiendo en uno como centauro histórico. (*ACT*, p. 59)

Finalmente, al ponerse a narrar una anécdota del caballo "el Morcillo" de Cortés, una rápida evocación de los famosos caballos de grandes figuras del pasado histórico-literario—Alejandro, Calígula, Atila, el Cid y don Quijote—nos echa por caminos de la historia y tradición universal.

Otra vez tomamos el camino Europa-América, o en sentido

inverso América-Europa (en la forma México-Grecia y Roma) en el prototípico ensayo alfonsino "Moctezuma y la 'Eneida mexicana,' " que desarrolla el curioso paralelismo entre Moctezuma (influido por el augurio del cometa) que se entrega a Cortés y el rey latino de la *Eneida* (influido también por oráculos y augurios) que se entrega a los troyanos. Nos acuden a la memoria las frecuentes evocaciones americanas y paralelismos reveladores entre *lo mexicano* o *lo americano* y *lo europeo* en los estudios helénicos de Alfonso Reyes (v.g., *La crítica en la edad ateniense* y *La antigua retórica* [*OC*, XIII]) o específicamente su sorprendente confrontación entre Aquiles y el gaucho argentino en "La estrategia del 'gaucho' Aquiles." En el presente ensayo, se suscitan reflexiones sobre los efectos en la historia del contacto entre el mundo indígena mexicano y el mundo europeo antiguo y moderno:

> La raza indígena asombra un instante al mundo y desaparece. Su grande epopeya, como un río subterráneo, corre bajo los siglos de la dominación española, fertiliza sordamente los acarreos de la nueva sangre ibérica, y reaparece en nuestros días, dando a nuestra política contemporánea un sello inconfundible: la incorporación del indio a los plenos beneficios de la vida civilizada es nuestra más alta incumbencia nacional. (*ACT*, p. 77)

"Un enigma de la *Lozana andaluza*" nos lleva por caminos de la literatura española, donde ésta en la novela de Francisco Delicado .se asoma a la Roma subpopular del primer tercio del siglo XVI. Este paseo por el camino principal de España-Italia se acompaña de una serie de breves excursiones laterales: al mundo pagano antiguo (Grecia-Roma); España-Hispanoamérica (con el *Tirano Banderas* de Valle-Inclán); Chile-Argentina (una graciosa anécdota); y el doble mundo germánico-norteamericano, operístico-cinematográfico, por el siguiente paralelismo que caracteriza la técnica novelística, tan originalísima para su tiempo, de la *Lozana andaluza*: "Para representarse la acción de la *Lozana*, habría que acudir al recurso del wagneriano *Parsifal:* el telón de fondo en marcha constante. (Creo que los aficionados llaman 'el Cine' a este pasaje de la ópera.)" (*ACT*, p. 87).

En "Alejandro de Humboldt (1769–1859)" Reyes personifica en la figura de Humboldt toda una serie de entrecruzamientos de los caminos de Europa y América. Este ensayo en cierto modo es una extensión del ya aludido "Goethe y América," ya que los hermanos

Humboldt son eslabones entre el amplio mundo humanístico goethe-
ano y el plural mundo hispánico, es decir, por un lado España (Guillermo) y por otro lado Hispanoamérica (Alejandro): "Si, como se ha
dicho, Goethe ha viajado por España en la persona de Guillermo de
Humboldt, digamos que también viajó por América en la persona de
Alejandro" (*ACT*, p. 95).

Una vez trazada la línea Goethe-los Humboldt, se nos presenta
la doble alternativa de los caminos Goethe-Humboldt-España
(Alemania-España) y Goethe-Humboldt-Hispanoamérica y Norte-
américa (Alemania-América), optándose por este último que resulta
ser a su vez un camino de múltiples proyecciones laterales y
verticales. Hay una triple proyección vertical en la dimensión his-
tórico-legendaria: hacia Ulises ("Pero pronto [Alejandro] se sintió
atraído por el mar, tentación constante de los hijos de Ulises" [*ACT*,
p. 98]); hacia Cristóbal Colón (su madre "se apellidaba Colomb,
pintoresca coincidencia en quien había de concebir a este nuevo
descubridor de América" [*ACT*, p. 99]); y hacia Cortés ("Alejandro
contemplaba la que no pudo menos de llamar 'Ciudad de los Palacios,'
con arrobamiento semejante al de los Conquistadores cuando por
primera vez se asomaron al valle de Anáhuac y a la ciudad de
Tenochtitlán" [*ACT*, p. 101]). Se señalan puntos de contacto lateral
con sus contemporáneos europeos (Cook, Bougainville, La
Condamine, Buffon, Rousseau) y americanos (Franklin, Jefferson,
Bolívar, Carlos del Pino [el "Humboldt indígena"], y "la Güera
Rodríguez" de México).

Así, por la poliprismática visión de Alfonso Reyes, siguiendo
uno solo siquiera de estos caminos, se multiplican maravillosamente
las perspectivas y las interrelaciones significativas. Volvamos un
momento al principio de este ensayo, por ejemplo, para ver la riqueza
y sutileza de perspectivas con que sitúa a los Humboldt con relación al
mundo de Weimar, captando todo el sentido de poesía, de símbolo, de
magia y de mito latente en la historia:

Una que otra vez la historia se complace en crear combinaciones estéticas
que parecen imaginadas por la poesía. Las personas y los hechos—
encarnación del drama humano—se acercan entonces y organizan como las
figuras de un gracioso "ballet." Fue aquélla la hora de los Dióscuros, de los
Dioses Gemelos. Aún no se desvanecía en el cielo de Weimar la constelación de Goethe y Schiller, y ya asomaban los dos Schlegel, vanguardia del

romanticismo alemán; y muy luego—en tanto que aparecían Jacobo y Guillermo Grimm, . . .—la pareja de los hermanos Humboldt: Carlos Guillermo, el estadista y filólogo, . . . y Alejandro, el gran demiurgo de la ciencia y del humanismo cuyo recuerdo revive ahora con el centenario de su muerte.

. . . .

El Barón de Humboldt comienza pues su "viaje terrestre" como al amparo de un mito adornado con los encantos artísticos de un poema. Es mucha la tentación de imaginar que un mismo numen, desde la frente del poeta del "Fausto" y repartido en efluvios y emanaciones, se desplegaba en estrellas dobles para mejor abarcar la imagen del mundo. (*ACT*, pp. 91, 95)

O bien empecemos solamente a contemplar la infinidad de horizontes que se abre ante nosotros al enfocar Reyes sobre América la sombra de Goethe y el mito fáustico reencarnados en Alejandro de Humboldt, punto de enlace entonces con el gran ensayo alfonsino "El presagio de América":

y él mismo—propia proyección de Goethe hacia nuestra América—nos aparece de pronto a manera de un "Wilhelm Meister" (ese "otro Fausto"), cuando de pie en la proa del barco que lo trae hasta nuestras playas cruza los brazos y, lleno de confianza en América, contempla los horizontes que se van abriendo ante sus ojos y ve ascender esa promisoria Cruz del Sur, adivinada por los poetas y filósofos de la Antigüedad y la Edad Media y presentida en los sueños teologales de Dante, y que cintila en los versos de Ercilla y de nuestro Balbuena, tras de ofrecerse, como en el soneto de "Los trofeos", al asombro de los Descubridores. (*ACT*, p. 96)

Sólo un Alfonso Reyes, humanista supercompleto a la manera renacentista y goetheana, "filósofo a la manera del griego" como Humboldt, artista-mago de la palabra que sabe misteriosamente combinar sabiduría y poesía en óptimas dosis mínimas de prosa, sólo este Alfonso Reyes puede así conducirnos tan lúcida y luminosamente por los múltiples caminos de la cultura universal.

George Washington University
Washington, D.C.

NOTAS

[1] Xavier Villaurrutia, "Un hombre de caminos," en *Textos y pretextos* (México: La Casa de España en México, 1940), pp. 61–71; y en *Páginas sobre Alfonso Reyes* (Monterrey: Universidad de Nuevo León, 1955), I, 68–74.

[2] Alfonso Reyes, "Valle-Inclán a México," en *Obras completas*, IV (México: Fondo de Cultura Económica, 1956), 279 (colección citada de aquí en adelante como *OC*, los tomos III, IV, VII, VIII, IX, X, XII, y XIII fechados de 1956, 1956, 1958, 1958, 1959, 1959, 1960, y 1961, respectivamente); y *La X en la frente* (México: Porrúa y Obregón, 1952), p. 13.

[3] Reyes, "Alarcón," en *Las burlas veras* (México: Tezontle, 1957), I, 88.

[4] Véase "La estrategia del 'gaucho' Aquiles," en *Junta de sombras* (México: El Colegio Nacional, 1949),. pp. 39–44.

[5] Tampoco desdeñamos (sólo lo dejamos para otras excursiones) el otro vehículo de los versos de Alfonso Reyes (véase *Constancia poética, OC*, X) o el de la narrativa, por ejemplo.

[6] Reyes, *Marginalia*, I (México: Tezontle, 1952), 27–30 y 101–05.

[7] Reyes, *A campo traviesa* (México: El Cerro de la Silla, 1960); obra citada de aquí en adelante como *ACT*.

[8] Reyes, *Marginalia*, II (México: Tezontle, 1954), 55–68.

Toledo por dentro, Toledo por fuera: Félix Urabayen y la intrahistoria de Toledo

WALTER RUBÍN

Luis Moreno Nieto, prestigioso y bien documentado cronista actual de la provincia de Toledo, comenta en la Introducción a su antología *Toledo en la literatura*:

> ningún poeta, ningún prosista de nuestras Letras captó, abarcó totalmente para exaltarle, el espíritu de Toledo que es más complicada, menos reducible a común denominador, más inaprensible que ninguna otra ciudad.
> . . . Toledo, aunque lo parezca, no está muerta. Ni siquiera dormida.[1]

De Toledo se ha escrito mucho, a través de historiadores y poetas, y como fondo de grandes novelas. Pero siempre hay algo más que decir, y siempre hay otro ángulo y otro color para pintar una ciudad vieja, anciana por los años pero de fuertes raíces, ya que el jugo quedó sin petrificarse conservado por el vigor del arraigo de las almas que por allí pasaron.

Toledo es múltiple y compleja en sus perspectivas topográficas y humanas. Para los eruditos es una cátedra; para los artistas, inspiración; para los poetas, un pretexto para desahogar la sublimidad interior; para el novelista de raigambre, la obligación de decirnos cómo somos, usando la excusa del lugar, y apoyándose en ese susurrar de los muros que hablan.

En Toledo, fundidora de las grandezas del oriente y del occidente, la leyenda y la historia son compatibles y crean una curiosa coexistencia. Toledo es el crisol de grandes civilizaciones y religiones, y es el resumen de todos los valores hispánicos. A pesar de estar en Castilla, no se extiende por la Mancha, no se abre a la geografía. Está apiñada a sí misma, como una isla, como un mundo aparte.

El paisaje que le rodea es de lo más sombrío que se ha ofrecido a las miradas humanas. Es un desierto; pero no el desierto de las grandes llanuras que engaña la vista y adormece el espíritu por su tranquila monotonía; es ese desierto de los anacoretas, lugar escogido por el ascetismo entre los más horribles de la tierra, páramo de asperezas y peñascos, continuamente ensordecido por vientos espantosos, propio para aquelarres y otras asambleas del mismo jaez, lugar de magias y conjuros, de pesadillas místicas y enajenaciones teológicas, escena donde la imaginación se complace en colocar a los misántropos de la religión. . . .[2]

Es una ciudad grave, propicia a la contemplación; apela al sentido introspectivo, sobrecoge, envuelve y no suelta.

El convivir de tres religiones que se olvidaron de que eran iguales, y vivieron desconfiando, deja flotar, destilar, una inestabilidad emocional al interpretar Toledo. Un ejemplo de estos sentimientos ambivalentes se observa en Félix Urabayen, escritor navarro y residente toledano. Su novela *Don Amor volvió a Toledo* parece ser un pretexto para amar u odiar a la ciudad, y a los vivos fantasmas de su creación.

Félix Urabayen nació en Ulzurrun, Navarra, en 1884. Cursó los estudios de magisterio en Pamplona, y en Toledo obtuvo la cátedra de Historia. Casado con su compañera de enseñanza Mercedes Priede, radicó en Toledo, donde ambos eran dueños del Hotel Castilla, del que se dice que albergó a grandes figuras españolas y a hispanistas y artistas eminentes del extranjero. Fue ensayista literario de la revista *El Sol* desde 1925 y de la revista *Toledo: Revista de Arte*. Murió en 1943 en Madrid después de varios años de olvido. Entre sus novelas se encuentran: *La última cigüeña* (1919); *Toledo, piedad* (1920); *Toledo la despojada* (1922); *El barrio maldito* (1925); *Por los senderos del mundo creyente: Estampas toledanas; Vida ejemplar de un viejo de Escalona; Centauros del Pirineo* (1923); *Serenata lírica de la vieja ciudad* (1928); *Vidas difícilmente ejemplares* (1930); y *Don Amor volvió a Toledo* (1936).

Don Amor volvió a Toledo es un estudio de Toledo en una época determinada. Urabayen retrata un pueblo hermético, intransigente, firme en sus creencias conservadoras, en su estructura social, que tenía que chocar con las ideas liberales del escritor. El ambiente que describe en su Prólogo con referencia a Toledo es sumamente negativo y pesimista. Irónicamente y algo impío dice:

> Toledo es una vieja paloma jubilada por Don Amor, sin un solo sendero que huela a juventud; sin un solo callejón que guarde el latido de una Pascua Florida, sin ese perfume ascético que destilan las piedras del Escorial o de Avila, ya que aquí los cristianos sólo se dedicaron a destrozar y remendar las murallas godas, árabes y romanas.[3]

Y a continuación, a pesar de su acerba crítica, se expresa con los siguientes sentimientos: "y sin embargo, a una ciudad de carnes tan fláccidas, arrugadas y marchitas como la otoñal más celestina o a la celestina más otoñal, se le toma un cariño feroz, que se arraiga en el alma para siempre y sin liberación posible" (p. 13). Burlesco, satírico y macabro, y no carente de gracia, explica el proceso de anquilosamiento que Toledo ejerce en aquel que la puede amar ferozmente:

> un individuo normal, que cruza por vez primera Bisagra o Alcántara, si permaneciese tres meses en Toledo, ya no se movería jamás: el periodista más inquieto acabaría en dolmen, erudito de milenaria respiración; el aviador más arriesgado concluye echando siesta en un sillón del casino todas las tardes del año; el yanqui más activo se convierte en faquir. . . .
> Sólo se salva el que emigra antes del año; de otro modo la niebla espiritual le invade, el moho de los siglos y la herrumbre de la rutina le envejecen; idealiza el balduque; nutre el cerebro con el picante bodrio de la camaradería local, circunscribe sus afanes y alivia sus antojanzas entre el café, la hostería, la oficina y la lonja de amor barato. Y un día, calvo ya, desdentado, asmático, con treinta años de servicio y veintinueve de permanencia en la ciudad, se lo llevan por el camino de San Eugenio al cementerio municipal con un buen acompañamiento, eso sí, pues es sabido que el deporte preferido por los toledanos es acompañar el mayor número posible de cadáveres a su postrera morada. (p. 14)

Puede que muchos no estén de acuerdo con este enfoque personal de Urabayen. Quizás él haya sido demasiado duro en su evaluación de la existencia toledana, pero hay quienes consideran su criterio fundado, aunque naturalmente no de esa manera caricaturesca y enconada.

La novela *Don Amor volvió a Toledo* empieza con la historia geneológica de los tres hermanos Meneses, familia de considerable

posición social toledana: "todo en ellos era recto, excepto la nariz que
se quebraba en un ganchudo de sospechosa procedencia judía" (p.
21). Y en torno a esta familia de sospechosa procedencia emerge la
intrahistoria toledana, con sus curas, la iglesia, el pintor, el poeta, el
militar, el alcázar y el ingeniero forastero con sus ideas innovadoras.
Naturalmente la joven bella no podía faltar como enlace entre las
actitudes en pugnas de la trama novelesca, y es la víctima propiciatoria
entre las nuevas ideas y las convicciones tradicionales. Legajos y
condecoraciones, templos y tumbas históricas, plazas y callejuelas
tortuosas, la decrepitud de los muros y la grandeza de la catedral.
Todo lo presenta el autor con acertadísimas descripciones urbanas y
topográficas, a veces llenas de lirismo, con amor y admiración a
Toledo, pero a la vez como excusa para poder criticar abiertamente la
estructura de una Toledo que no quiere cambiar, que se resiste a la
evolución del tiempo. Quizás no se den cuenta los que quieren re-
formas, de que en la inalterable postura de la ciudad imperial está la
fuerza de su supervivencia: "Toledo guarda en una sola de sus arrugas
la historia de veinte ciudades juntas; cada calle retorcida y agarena
evoca la fragancia marchita de una rosa aplastada entre las páginas del
Talmud" (p. 15).

El primogénito de los Meneses, Daniel, es un militar de carrera,
que asciende a general sin haber nunca visitado un campo de batalla.
La descripción de su vertiginoso ascenso es sin duda una crítica a las
promociones rápidas: "Meneses llegó a General sin salir de Toledo y
sin haber oído jamás los tiros del enemigo. Las lenguas toledanas,
agudas como sus hojas de afeitar, le llamaban en sus discreteos
íntimos 'Napoleón'" (p. 24). Con sarcástico humor, Urabayen
presenta el retrato que un pintor hiciera del joven militar en los
primeros años de su carrera, y a cuyo cuadro se le van añadiendo
insignias y estrellas a la vez que el ejército se las va concediendo.

Daniel Meneses queda viudo al año de casarse, dejándole su
esposa una niña a la cual le han puesto por nombre Leocadia, como
una de las santas patronas de Toledo. Esta joven es la figura central de
la novela. Como su padre, lleva una vida bastante apartada de la gente,
sin apenas más trato que el de la nodriza que la cría y sus dos tíos
solteros: don Sebastián Meneses y don Inocente Meneses, coadjutor el
último de la parroquia de Santa Leocadia y capellán mozárabe de la

catedral.[4] Todos la admiran desde lejos, no atreviéndose a acercarse a tan hermosa e inaccesible Diana. Hay dentro de esta joven tristeza y conflicto consigo misma. El novelista hace analogías entre ella y la misma ciudad de Toledo: "pensaba Leocadia, que aquella riqueza y hermosura de Toledo, tan ponderada por todos, era como ella misma, una lápida magnífica puesta sobre su corazón, bajo el cual, hondo, soterraño y silencioso, corría un río arrastrando una pena muy antigua . . ." (p. 31).

Hay momentos que parecen propicios para iniciar y entablar trámites para el matrimonio de Leocadia con un joven adinerado. Con este motivo se plantean discusiones que ponen de manifiesto la importancia que tiene la ascendencia de las familias, reminiscencias de un lejano pasado que se hace actualidad en las sociedades que han tenido historia de conflictos de castas. Para el padre no hay consuelo. Su hija es "el fruto refinado y perfecto de muchos siglos de civilización . . ." (p. 63). Tanta belleza y refinamiento no deben caer en manos de un plebeyo. Leocadia, según su padre, tiene "la gracia agarena, la majestad romana, la pureza helénica, la esbeltez judía y el atractivo picante de la mujer moderna" (p. 64).

El tema del supuesto noviazgo trae a flor la discusión del linaje, pureza de sangre y origen de los Garrido. Lo único que parece acreditar al joven pretendiente es la fortuna de su familia, pero el origen de los Garrido deja mucho que desear. Aquí interviene el tío capellán, erudito en historia y arqueología y experto en asuntos geneológicos, que en vez de estar contrariado por el noviazgo, establece que los Garrido pertenecen a una dinastía de la época de la reconquista de Toledo por Alfonso VI, y que no tienen ni sangre judía ni mora, sino que son de sangre limpia.Esta preocupación por la limpieza de sangre tiene sus antecedentes en la constante vigilancia de la Santa Inquisición y la Santa Hermandad, y ante este temor tratan de definirse los cristianos viejos del estigma que sufren los cristianos nuevos. Así que esta familia de aguiluchos, como llama el escritor a los Meneses, tiene el prurito del origen de las castas, ya en unos tiempos modernos donde parezcan pertenecer a un pasado muy remoto los temores de viejos y nuevos cristianos. En la piel, en la costra de una ciudad vieja, todavía se rasca un poco y aparecen las heridas no totalmente cicatrizadas de un dolor antiguo. Leocadia finalmente toma la decisión de no casarse con Serafín Garrido, y no por ser quizá los antepasados de su pretendiente dueños de figones, bodegones o colmados, sino porque antes prefiere meterse a monja que casarse con ese tonto y fatuo narciso.

Otros de los conatos amorosos de Leocadia son un pintor, que tampoco llega a consumarse en matrimonio, y un ceramista andaluz, el más extraño de todos los pretendientes, que con mal talante y desaliño ha aparecido por Toledo. El último es un ingeniero con el cual ella ha determinado casarse, pero ocurre la tragedia de su muerte. Leocadia parece simbolizar Toledo: amada por el artista, cantada por el poeta y perseguida por el ceramista; y finalmente, aparece el ingeniero a punto de cambiar su destino igual que el curso de las aguas del Tajo, al que tiene proyectado desviar.

Leocadia no suele hacer mucha vida social, y al fallecer su padre se recluye aún más en su casa. Solamente suele dar paseos con su tío el sacerdote y su vieja nodriza, pero a don Inocente no le gustan los paseos públicos. Prefiere pasear por las rondas, o por el huerto de los Meneses, o junto a las carreras de San Sebastián, de origen árabe. El ama a Toledo tal cual es, vieja, histórica, y no dejaría si pudiera que nadie cambiara la faz marchitada por los siglos.

Coinciden en esta novela de Urabayen los valores galdosianos expuestos en *Doña Perfecta*. Don Inocente es la fuerza conservadora, intransigente, que no sólo no permite cambios sino que para evitar el peligro de que ideas nuevas alteraran la ciudad, llegaría hasta matar. El es el guardián de Leocadia al quedarse huérfana, sola y rica. Está furioso de los planes matrimoniales de su sobrina con el ingeniero, al que ve como un enemigo irreconciliable con sus proyectos de desviar las aguas del río, de cambiar el futuro de Toledo, el futuro de la joven. En vano le señalan al capellán los beneficios y las exigencias de los nuevos tiempos:

> Vivimos en la época del asfalto, no en la del cemento árabe. La vida y el agua no pueden estancarse como tú pretendes. Y Leocadia aun no ha empezado a vivir. Hace bien Lorenzo en sacarla de este pueblo, donde no hay más que tifus, palúdicas y sarna. Toda la ciudad es un tumor maligno que hay que extirpar si queremos seguir viviendo. (pp. 181–82)

Leocadia y Toledo son sinónimos en los sentimientos del tío cura, y no está dispuesto a que ninguna de las dos sea poseída, ni dominada, ni controlada por el ingeniero Lorenzo Santafé. Porque, dice don Inocente:

En Toledo hay algo que sobrevivirá a todas las rapiñas y vandalismos indígenas y extraños. Su secreto no está en los monumentos, ni en la riqueza de sus templos, ni siquiera en su luz, como suponen los pintores, ni en su pasado, como pretenden los novelistas. Está en la entraña de la ciudad, fecundada por tres razas viejas y artistas que pusieron en ella lo mejor de su espíritu y no se resignan a abandonarla. Desde más allá de la muerte velan su letargo y ahuyentan de sus puertas al espíritu malo del progreso, enemigo de la poesía y de la historia. Toledo pertenece a las sombras, a los fantasmas, a las evocaciones y a la tradición. (pp. 93–94)

Mientras el ingeniero solo encuentra soluciones a través de drásticas y enérgicas medidas modernas, esto mismo sería, según el cura, la destrucción de la cultura acumulada por los siglos. Representan distintos valores e intereses, antagónicos, incompatibles. Propone el ingeniero:

Agua limpia, potable, sin tifus, sin suciedad milenaria. Vida nueva, trabajo, energía eléctrica, fábricas, dinamismo, acción. Basta de roña histórica y de nostalgias sentimentales. Hay que sustituir las azudas y batanes de los tiempos de Tirso por generadores y dínamos. . . . (p. 164)
. . . .
La población subirá como la espuma. Barrios sanos, con avenidas soleadas, amplias, abiertas siempre a la luz. Vías anchas, espléndidas, que permitirán el transporte de una producción incalculable. . . . (p. 194)

Pero protesta el sacerdote:

¡Ay de Toledo si triunfa ese proyecto insensato! . . . Pero ¿es que cabe en la cabeza un Toledo en seco y con rascacielos? (p. 173)
. . . .
. . . cambiar los rodaderos por barriadas modernas, las callejuelas sin salida por aceras tiradas a cordel. Quería quitarle al Tajo sus fueros de rondador, substituir por chimeneas humeantes sus gárgolas y sus cofias, sus agujas y espadañas. Se le juzgaba dispuesto a volar la vieja Toledo para alzar en su solar una sucursal de la Quinta Avenida. . . . (p. 171)

Ambos personajes constituyen las marcadas y extremadas facciones que existían y siguen existiendo en torno a la evolución de Toledo. El encono aflora en toda la novela de Urabayen, y es el tema donde se apoya la obra. Ambiciones e ideales, sueños y realidades, proyectos de planificaciones, y la oposición a estos proyectos, llevada hasta el martirio. Se forman grupos de la gente más diversa para luchar en contra de los cambios propuestos, llamándose a sí mismos las "fuerzas vivas." Y dice Urabayen que, para pertenecer a estas organizaciones, las personas tienen que haber cumplido los setenta años: "Y el caso es que este admirable atelaje de fuerzas vivas—vivas por un milagro de la Providencia—cumplían su misión de pelear contra el ingeniero a presiones forzadas" (p. 172).

Hay pasajes en la novela donde el escritor también lanza sus implacables catilinarias, y en resumen no se aclara si Urabayen simpatiza con los cambios, o si, dados el amor y admiración por Toledo que revelan sus descripciones llenas del lirismo de enamorado apasionado, en realidad se alegra de que la ciudad vuelva a envolverse en el inmutable tiempo de su gloria:

> Sea como fuere, lo indudable es que la preponderancia industrial en Toledo ha sido siempre pasajera y ocasional. Más que centro productor en gran escala Toledo fué orfebrería de oficios y escuela de pulimentos y primores. Aún ahora el obrero toledano conserva cierta personalidad, en que unida a una herencia artística innata en la menestralía, ha contribuido a conservar el carácter de la ciudad, salvándola de la vulgaridad modernizante y standardizadora. La Atenas española se niega a someterse a las leyes naturales de la conservación. Prefiere morir a transformarse. (pp. 150–51)

Los nombres escogidos, don Inocente y Santafé, hablan de por sí de las intenciones de sus personajes, más guiados por ideales que por realidades. El simbolismo de los nombres es también característico de la obra galdosiana, y lo mismo que en *Doña Perfecta*, el ingeniero y la joven en la novela toledana planean una boda que no llega a realizarse, por la muerte de manera trágica de uno de ellos: la joven Leocadia. El tío está tan inquieto y angustiado ante la perspectiva de la boda de su sobrina con Santafé que hasta pierde el apetito: "¡Por Cristo que eso no será! Le mataré antes y habré librado a Toledo de un animal inmundo. . . . La Belleza, La Historia y La Tradición nunca debieron unirse más que con el Arte" (p. 184). A todas luces quien causa el desenlace fatal es su tío el cura, que si no lo hace de su propia mano, no evita, intencionadamente, que la joven consumida por las fiebres se arroje delirante por el balcón. Mientras se enciende "en sus ojos una luminaria de locura," el tío murmura:

"¡Dios me ha oído, Dios me ha oído! . . . Se salvará al fin y con ella Toledo. Ese malvado no logrará sus propósitos" (p. 202). Urabayen toma a Leocadia como símbolo de Toledo, y al final, al no unirse en matrimonio con el ingeniero, Toledo no sigue hacia un destino nuevo. Muere. De los labios del sacerdote salen estas proféticas palabras: "¿Y los siglos, no son nada? ¿Y la Historia? ¿Y la tradición? Cambiar a Toledo es una blasfemia que, si no las leyes humanas, la Providencia divina se encargará de castigar" (p. 169).

Las fricciones son sinceras, implacables, intransigentes en sus convicciones. Termina la obra con el triunfo del conservador, a costa de la misma vida de la joven, por no poderse hallar ese punto donde el compromiso encuentre su balance. La ciudad y su gente, sus monumentos y su geografía amalgaman, y en la línea divisoria que existe es difícil saber si la ciudad influye en la gente, o si es la gente que hace la ciudad. Es como todo el conjunto toledano, una unidad hermética, sólida, que si no evoluciona al paso del tiempo como otros lugares, no se deberá sólo a razones topográficas, sino a un fenómeno filosófico también. Quizá en esta actitud estática, que tanto atacan los reformistas y los que quieren cambios en nombre de lo llamado progreso, esté precisamente la sustancia total de Toledo. Toledo existe por su pasado, por un ayer que se hace presente en cada día que la lucha por mantenerlo sin cambios ha triunfado. Dice Ortega y Gasset: "Late, pues, en cada localidad un posible destino humano, que parece en todo instante pugnar por realizarse y actúa como un imperativo atmosférico sobre la raza que lo habita. A su vez, cada forma típica de vida humana proyecta ante sí el complemento de un paisaje afín."[5]

University of Houston
Houston, Texas

NOTAS

[1] Luis Moreno Nieto, *Toledo en la literatura* (Toledo: Imprenta Diputación Provincial, 1975), p. 8.

² Benito Pérez Galdós, *Toledo (Su historia y su leyenda)*, en *Obras completas*, VI, 2ª ed. (Madrid: Aguilar, 1951), 1570.

³ Felix Urabayen, Prólogo, *Don Amor volvió a Toledo* (Madrid: Espasa Calpe, 1936), p. 13; novela citada en adelante por el número de la página.

⁴ Cargo referente al rito mozárabe, perteneciente a la liturgia llamada hispana, isidoriana, gótica o toledana. Por el Fuero o la Carta Mozarabum, Alfonso VI les autorizó que se rigieron por las antiguas leyes, cuando los cristianos mantenían lealmente su religión bajo la dominación musulmana. Desde entonces (1139) los toledanos tienen el derecho de mantener dicho rito.

⁵ José Ortega y Gasset, "Introducción a un 'Don Juan,' " en *Obras completas*, VI, 3ª ed. (Madrid: Revista de Occidente, 1955), 129.

Rubén Darío:
Interiores de un soneto

GERARDO SÁENZ

Lo erótico es uno de los temas más fértiles para los poetas modernistas americanos. Ahora bien, parece superfluo recordar a nadie que el más destacado de estos escritores es Rubén Darío. Y en la mayoría de sus versos de madurez se hace ver la maestría del nicaragüense. Pero es en el soneto donde sin duda sobresale más la técnica de su pluma. Aquí, reducido a un molde breve y fijo, se mueve Rubén con el desahogo y la variedad de asunto con que otros lo hacen en el verso libre y la prosa. Y quizá sea en las composiciones sobre temas eróticos donde más destaca el estro del vate. Esto porque, además de los valores técnicos, las poesías se revisten con una admirable delicadeza en tratar el asunto que, de no ser así, bien podía resultar grosero y repugnante. Ejemplo de esto es el soneto "Ite missa est," de *Prosas profanas*.[1] En estos versos el autor de *Azul* adorna el asunto carnal con tanta finura y perspicacia artística que casi puede pasar desconocido si no nos fijamos en lo velado.

El texto de la poesía reza así:

> Yo adoro a una sonámbula con alma de Eloísa,
> virgen como la nieve y honda como la mar;
> su espíritu es la hostia de mi amorosa misa,
> y alzo al son de una dulce lira crepuscular.

Ojos de evocadora, gesto de profetisa,
en ella hay la sagrada frecuencia del altar;
su risa es la sonrisa suave de Monna Lisa,
sus labios son los únicos labios para besar.

Y he de besarla un día con rojo beso ardiente;
apoyada en mi brazo como convaleciente,
me mirará asombrada con íntimo pavor;

la enamorada esfinge quedará estupefacta,
apagaré la llama de la vestal intacta,
¡y la faunesa antigua me rugirá de amor!

Y bien, este soneto, en alejandrinos, empieza con un velo
ingenioso desde el título. Aquí, a primera vista, el bardo nos sugiere
un tema religioso, porque, como sin duda se sabe, *ite missa est* es la
última locución de la misa católica, cuando se celebra en latín.
Además, hay que recordar que esta oración, antes de entrar en el rito
católico, era parte de los verbos latinos, *eō (īre, īvī, itum [est])* y *mitto*
(*mittere, mīsī, missus*). El primero, *eō* 'ir,' aquí se usa en el imperativo
presente plural, *ite*. Pero es de mayor significación para nuestros fines
en este trabajo el verbo segundo, *mitto*, que quiere decir "enviar,"
"despedir," "libertar," "soltar," "tirar" o "lanzar," y por ende
"disparar," "descargar" o "eyacular." A esto recurriremos más
allá.

Luego, pasando al texto, en el cuarteto primero, Darío nos
habla de su adorada Eloísa y le rinde homenaje ensalzando su pureza.
Eloísa, como se recordará, junto con Abelardo, el filósofo francés, ha
quedado como símbolo del amor trágico desde la Edad Media. Y el
vate centroamericano adora a su amada porque es "virgen como la
nieve y honda como la mar" (1.2). Con el verbo "adorar" la hace su
diosa, y, quizá hasta pudiéramos decir Dios, con mayúscula, porque
lo hace por medio de la transubstanciación de la hostia (1.3).
Fijémonos en que el bardo habla de "su espíritu" y lo hace "la
hostia" de su "amorosa misa."

Aquí es preciso recordar que la misa católica usa la oblea, u
hostia, como símbolo del cuerpo de Cristo, que por medio de la
transubstanciación, para el creyente, se convierte en el cuerpo del
Señor. Y como sacerdote de su Dios, el vate eleva esa hostia en el
momento de la eucaristía. Y lo hace con la música de "una dulce lira

crepuscular'' (1.4). Es el "O salutaris hostia," el himno que se cantaba cuando se recitaba el rito en latín.

En todo esto hay que tener presente que Darío, a pesar de reconocerse gran pecador, nunca blasfemó ni se separó del credo católico. A propósito de esto, cabe recordar que era miedoso y que uno de los episodios más impresionantes de su vida fue la ocasión en que estuvo en presencia del Papa en Roma.[2] Los que le vieron se sorprendieron de ver el efecto que le produjo ese momento. Además, entre sus escritos se documenta su actitud religiosa, como se puede ver en "Lo fatal," soneto de trece versos en *Cantos de vida y esperanza*. En fin, en el cuarteto primero de "Ite missa est," Darío pone a su amada en un pedestal bastante alto, por no decir altar.

Pues bien, en el cuarteto segundo, que desarrolla lo que se ha establecido en el primero, Darío sigue ensalzando a su amada. Es bella, naturalmente, con "Ojos de evocadora," locución que connota seductora, que nos llama con ojos que despiertan el recuerdo. Ella tiene "gesto de profetisa" (1.5), imagen sensual de sacerdotisa que se entregaba a un dios y hablaba por él en la época clásica de los griegos. Además, ella posee la "sagrada frecuencia del altar" (1.6). El vocablo "frecuencia" aquí denota intimidad, valor que todavía tiene en otros idiomas, v.g., el portugués. Y como si la deificación todavía necesitara de algo más, el vate se sirve de una obra maestra de la pintura, la *Gioconda*, para describir la sonrisa de su diosa. Como buen psicólogo, nuestro poeta se ase de algo asequible y familiar para comunicarnos lo abstracto e ignoto. Y todo va graduado por escala, en ascensión, de lo abstruso a lo concreto. Notemos que empezó con "alma de Eloísa," siguió con "virgen como la nieve," "honda como la mar," "su espíritu es la hostia," "ojos de evocadora," "gesto de profetisa," y "sagrada frecuencia," todo, si nos fijamos, vago y difícil de figurárnoslo. Pero, en el mundo civilizado, de veras que sería raro encontrar una persona que leyera estos versos y nos dijera que jamás había visto, cuando menos, una tricromia o un retrato del célebre cuadro del de Vinci. Así, lleva la efigie de su adorada desde algo abstracto hasta una mujer de carne y hueso con "labios para besar" (11. 7-8).

Ahora, entrando en los tercetos, queda a propósito recordar que en un soneto, por tradición, se halla el salto, o peripecia, en el verso noveno. Y Darío se apega a esta regla en su terceto primero. Así es que aquí comienza el movimiento opuesto que producirá la tensión del poema. Por esta razón se liga con la conjunción ''Y,'' que no sólo es copulativa de las dos partes del soneto, sino que también, a la vez, hace resaltar lo que sigue. Luego, con una locución compuesta de presente e infinitivo, el vate empieza a decirnos el porvenir, que rige en los dos tercetos. Dice, ''he de besarla un día con rojo beso ardiente'' (1. 9). Es decir, se propone, como meta, besar a su diosa de una manera sensual. Aquí entra la acción; todo lo anterior ha sido descripción ensalzadora. Los verbos ''adoro'' (1. 1), ''alzo'' (1. 4) y ''besar'' (1. 8) han servido para describir a la amada. Y todo lo siguiente tiene su principio en el ''beso ardiente'' del verso noveno. El se la figura rendida en sus brazos, con la flaccidez de la mujer que al fin abandona la lucha por su castidad (1. 10). Pero aunque vencida, no dejará de sentir el miedo de lo vedado por la religión como pecado mortal y censurado por la sociedad como mancha imborrable e imperdonable en la mujer (1. 11).

Después, en el terceto último, se intensifica la tensión aun más. La amante rendida estará muda, convertida en ''esfinge'' enamorada, que quedará ''estupefacta,'' presa del deseo (1. 12). Y el antiguo adorador se volverá un violador de la ''vestal intacta,'' que hasta ese momento se habrá conservado inmaculada (1. 13). Y él se figura que cuando ese momento llegue, ella, que antes era una faunesa indefensa, se cambiará a una fiera en brama (1. 14).

Así, la antítesis de la estrofa última, ante la tesis de la primera, subraya la antinomia que destaca el asunto del poema. Y la tensión interior del soneto hace resaltar el arte del nicaragüense. Esta tensión, a la vez, es una dimensión que da vida a la poesía e intensifica su efecto en los sentidos del lector y del oyente.

Pero todavía hay algo más que notar en la composición. Y es que con el título del soneto el autor lo pone todo en el pasado, maridando así tres planos temporales en el poema. Esto porque el ''ite missa est'' del título nos dice que el sacrificio ya terminó. Es decir, el título es parte activa de la estructura del soneto. A la vez que identifica los versos y les sirve de introducción, les pone su punto final. Y lo que en los dos cuartetos se cuenta en el presente como actual, más lo futuro de los dos tercetos, que se dice como algo que algún día hará el amante, con el título, al cual debemos volver después del verso último, nos dice el poeta que ya sucedió. Así venimos a quedar con los tres tiempos en un marco circular que comprende todo. Y esta innovación intensifica todavía más el efecto sensual del poema, dándole una solidez semiológica de dimensiones impresionantes. Por lo tanto, nos deleita con los detalles de un momento erótico. Darío, escritor delicado y refinado, lo reviste todo con su léxico delicioso y su técnica magistral. En consecuencia, no es sino hasta en el verso último cuando llegamos al punto culminante y final de su anécdota. Pero aún allí no nos deja ir, sino que, con un orden circular, nos lleva otra vez al lugar por donde entramos. Y entonces empezamos a darnos cuenta de la maestría artística rubendariana.

Luego vemos que entre los 102 vocablos del soneto, más tres del título, hay solamente tres palabras que en sí pudiéramos clasificar como eróticas y todas están en los tercetos. La que más se acerca al erotismo es el verbo "besar," del terceto primero, que en su fenómeno sustantivado lleva el atributo de "ardiente" (1. 9). Y en el terceto último tenemos el adjetivo "enamorada" (1. 12) y el sustantivo "amor" (1. 14). El infinitivo "besar" (1. 8) en el cuarteto segundo tiene más de ágape, por influencia del verbo "adoro" (1. 1), que de erotismo. Y es de observar que la impresión total más obvia del poema es de ágape. Lo erótico está velado desde el título.

Muchos otros poetas han tratado el mismo asunto con gran talento y esmero. Sin hablar de los orientales y lo que se atribuye a Anacreonte, entre ellos se hallan plumas inmortales como Julio Herrera y Reissig, uruguayo, Luis G. Urbina, mexicano, Carlos Baudelaire, francés y el latino, Ovidio.[3] Todos, sin el descaro de Catulo, lo hacen con gran acierto, pero, al mismo tiempo, carecen del refinamiento y pudor con que lo hace Darío. Y el único que más se le acerca en esto es el argentino, Leopoldo Lugones, cuyo arte podemos apreciar en el soneto de endecasílabos, "Venus victa."

Los versos de Lugones dicen:

Pidiéndome la muerte, tus collares
Desprendiste con trágica alegría,
Y en su pompa fluvial la pedrería
se ensangrentó de púrpuras solares.

Sobre tus bizantinos alamares
Gusté infinitamente tu agonía,
A la hora en que el crepúsculo surgía
como un vago jardín tras de los mares.

Cincelada por mi estro, fuiste bloque
Sepulcral, en tu lecho de difunta;
Y cuando por tu seno entró el estoque
Con argucia feroz su hilo de hielo
Brotó un clavel bajo su fina punta
En tu negro jubón de terciopelo.[4]

Este poema, desde luego, sigue la tradición y las reglas del soneto. Pero desde el título, "Venus victa," sabemos que ella fue vencida. No obstante, Lugones pone ochenta y cinco vocablos en sus catorce endecasílabos y el único término que sugiere lo erótico es la palabra "seno," del verso undécimo. Al mismo tiempo, sus metáforas, sus imágenes, su sinestesia, todo está más obvio y nos habla con más descaro del momento erótico que lo de Darío. La anécdota del argentino carece del velo con que nos reviste el misterio del encuentro amoroso el nicaragüense, efecto que ensancha nuestro deleite hasta el último momento.

En fin, "Ite missa est" es un admirable ejemplo de la maestría artística de Rubén Darío. Y si algunos otros hay que le igualen, bien raros han de ser los que le superen, cuando menos si se trata de lo erótico.

University of Kentucky
Lexington, Kentucky

NOTAS

[1] Rubén Darío, *Poesías completas* (1952; reimp. Madrid: Aguilar, 1968), p. 571.

[2] Arturo Torres-Ríoseco, *Vida y poesía de Rubén Darío* (Buenos Aires: Emecé, 1944), pp. 80–81.

[3] Julio Herrera y Reissig, "El sauce," *Poesías completas* (Madrid: Aguilar, 1961), pp. 157–58; Luis G. Urbina, "Plegaria," *Poesías completas* (México: Porrúa, 1946), I, 190–91; Charles Baudelaire, "Sed non satiata," *Oeuvres complètes* (Paris: Gallimard, 1961), p. 57; Ovidio, *Amores*, II, x, 1–38.

[4] Leopoldo Lugones, *Obras poéticas completas* (Madrid: Aguilar, 1959), pp. 119–20.

De la gloria de don Ramiro al desengaño de don Ginés*

GEORGE O. SCHANZER

De los creadores de las pocas grandes novelas modernistas de
principios del siglo el más longevo fue Enrique Rodríguez Larreta,
quien alcanzó a presenciar el cincuentenario de su novela cumbre de
1908 y vivió hasta 1961. André Jansen, en su libro sobre Larreta, de
1967, afirma que *"La gloria de don Ramiro* no conoció . . . un eco
directo."[1] En sus conclusiones reitera que Larreta "no ha tenido
sucesores reconocidos," y añade: "En suma, su obra [total] per-
manece al margen de las letras hispanoargentinas" (Jansen, p. 285).
Esta falta de descendencia literaria directa no puede sostenerse en
vista del éxito de *Bomarzo*, de 1962, amén de otros productos de
Manuel Mujica Láinez.[2] Ya es hora de señalar el lazo muy estrecho
entre *La gloria de don Ramiro* y la narrativa histórica neomodernista
de Mujica Láinez.

No reclamo la primacía en llamar la atención a la relación entre
los dos escritores. Si los larretistas la pasaron por alto, los críticos de
Mujica la señalaron desde su inicial *Don Galaz de Buenos Aires*
(1938),[3] y Alba Omil aludió a Larreta cuando preguntó, "¿Es Mujica
Láinez un aprovechado actual de las viejas premisas modernistas?"[4]
El novelista contemporáneo mismo, de edad tan dispareja—Mujica
nació en 1910, treinta y siete años después de Larreta—suele hablar
franca y orgullosamente de ese nexo personal y literario. Como
siempre, en el caso de las grandes familias porteñas, el aspecto
anecdótico y el creativo de tales relaciones están completamente
entrelazados.

En su conferencia en el Museo de Arte Español—la antigua casa de Larreta—en el quinto aniversario de su muerte Mujica Láinez describió a Larreta como "un hombre a quien mucho quise y mucho admiré, . . . alguien que ha sido para mí no sólo uno de mis maestros, sino también, a pesar de la gran distancia de años que nos separó, un verdadero amigo. . . ."[5] No obstante un suceso ancestral—Larreta descendía de Manuel Oribe, responsable de la muerte de Florencio Varela, antepasado de Mujica, en otra época sangrienta de la historia rioplatense—ya fueron amigos de Larreta los padres de Mujica, quienes presenciaron la lectura del capítulo final de *La gloria de don Ramiro* (p. 404). El joven Manuel sintió afinidad con el gran novelista ya en la adolescencia y solía frecuentar su casa. El lazo se apretó cuando Larreta fue testigo del matrimonio de Mujica y éste se mudó a la calle O'Higgins a pocas cuadras de la de aquél en Juramiento. Mujica evoca así las largas caminatas con Larreta por el barrio de Belgrano: "más que un nexo de maestro a discípulo—con serlo tan singularmente—fue . . . una insólita desproporcionada amistad que nos unió, con arbitraria indulgencia, en el mismo plano" (p. 405). Y más adelante: "¡Yo tenía tanto que aprender del autor de *La gloria de don Ramiro*!" (p. 406) Luego, refiriéndose a sus propias obras, concedió: "*Bomarzo* y *El unicornio* . . . se sitúan dentro de la misma línea de esa gran novela." Hay que advertir que estos dos tomos de la trilogía histórica de Mujica Láinez se publicaron después de la muerte de Larreta, aunque *Bomarzo*, la gran pompa renacentista, ya estaba gestándose y en ambos se notan "las lógicas diferencias, que el cambio de tiempo marca" (p. 406), casi medio siglo después de la novela que Rubén Darío llamó "la obra en prosa que en América se ha acercado más a la perfección literaria."[6]

Al pronunciar su discurso conmemorativo en la Casa-Museo Larreta, Mujica aún no había creado a don Ginés, aludido en el título de este estudio, protagonista de *El laberinto* (1974), otra vida en tiempos de Felipe II y tercer tomo de su trilogía. Pero mirando atrás Mujica describe su propia primera novela, *Don Galaz de Buenos Aires*, como "tan pariente, en su modestia, del esplendor de *La gloria de don Ramiro*, . . . que soñé, con ilusión vana, que sería algo así como su porteña hechura" (p. 406). Por aquel tiempo Enrique Larreta le dedicó a su discípulo un soneto, en alejandrinos, "Los versos," que luego se incluyó en un volumen que Larreta publicó en 1941.[7] El poema alude, proféticamente, a unicornios. Es interesante que Mujica, al citar ese soneto del maestro, se olvidó de que él mismo había dedicado un "Homenaje a D. Enrique Larreta," que descubrí en el archivo de *La Nación*, fechado 3 de diciembre de 1933, con el título apropiado "Romance para doña Guiomar,"[8] cinco años antes de *Don Galaz*. El anciano escritor y su joven amigo compartían el mismo interés por las artes pictóricas y plásticas. Mujica, en la citada conferencia, menciona los regalos del gran señor, su amigo, uno de los cuales—una pequeña estatua, obra del mismo Larreta—pasó después a la Academia, de la que había sido miembro Larreta y hoy lo es Mujica. Este gozó de la prerrogativa de convivir con aquél, como dice, "durante varias temporadas, desde mi temprana juventud, en su estancia 'Acelain' " (p. 411). ¿Le habrá sugerido más tarde el nombre de la protagonista Azelais de *El unicornio*, eslabón medieval de su trilogía? Hay aun más lazos y más concretos—inseparablemente biográfico-literarios—entre los dos autores y sus obras. Por ejemplo, Larreta le explicó a Mujica "lo concerniente a la Torre de los Guzmanes," que por el siglo XVI fue de "la rama abulense de mi familia vasca (Mujica Dávila y Bracamonte), cuyos escudos ornan su portal" (p. 415). Piénsese en el Bracamonte ajusticiado de *La gloria de don Ramiro*, de Larreta, y en los Bracamonte de Mujica: en don Galaz de Bracamonte y en los caricaturescos Bracamonte en *De milagros y de melancolías*. Además, Mujica Láinez presentó a la Academia Argentina, cuyo archivo estaba a mi disposición en el verano de 1976, la iniciativa de honrar la memoria de Larreta colocando una placa de bronce en los muros del casón abulense, acto realizado en Avila con la intervención del propio Mujica. Esto estableció "un lazo más entre el espíritu de Larreta" y el suyo, "algo como un mágico parentesco que me asegura la ilusión de rondar en carne y hueso por los capítulos de *La gloria de don Ramiro*" (p. 415).

Aunque Mujica Láinez no hubiera dicho nada de lo anterior, tendríamos la evidencia interna del parentesco y de la herencia modernista en su narrativa. Claro que hay un tramo enorme del Ramiro de Larreta pasando por los protagonistas de las numerosas obras intermedias de Mujica al don Ginés de *El laberinto*, pero al lado de las diferencias patentes abundan las obvias semejanzas en el tema, la estructura, y los rasgos estilísticos de esas novelas. En efecto, el ensayo de Amado Alonso sobre la novela modernista histórica, aún no superado a mi parecer, que estudia las virtudes y defectos de este tipo de prosa narrativa en la novela de Larreta, puede servir igualmente para escudriñar las de Mujica.[9] Enfoquemos, por lo tanto, *La gloria*, *Don Galaz* y *El laberinto*.

Don Ramiro y don Galaz son personajes románticos: folletinesco el de Larreta, según Ghiano;[10] folletinesca la muerte de don Galaz, en el comentario de Bonet (p. 199). Varios críticos han señalado el papel esencialmente pasivo de ambos protagonistas. Jansen admitió la caracterización imprecisa de don Ramiro (Jansen, p. 108). Como el paje de la novela inicial de Mujica, parece inestable; don Galaz hasta neurótico y enajenado. Ginés de Silva, al contrario, es un joven normal. Mientras las mujeres en *La gloria* representan alternativas ideológicas—Ghiano las llama "pretextos" (Ghiano, p. 41)—las de don Galaz son menos importantes; las muchas *partners* sexuales de don Ginés casi no están individualizadas. El no es un don Juan (un crítico emparentó la obra con el *Decameron*)[11] sino un pícaro intelectualizado. Los héroes de *La gloria, Don Galaz* y de la trilogía de Mujica comparten la búsqueda de una autorrealización, en la cual les pasan toda clase de sucesos. En *La gloria* la meta es la fama, en *Don Galaz* vagamente El Dorado. El jorobado príncipe renacentista de *Bomarzo* busca la inmortalidad. El medieval Aiol, de *El unicornio*, quiere encontrar la sagrada lanza de la pasión de Cristo. Ginés de Silva sencillamente busca la fortuna. La muerte de cada uno tiene algo de sorpresa irónica. Ramiro, Galaz y Aiol mueren jóvenes; el duque y Ginés llegan a viejos, éste evidentemente a la chochez. Todos, con excepción parcial del complejo Orsini de *Bomarzo*—mejor dicho, de sus complejos—están vistos de afuera, visualizados pictóricamente. Alonso vio retratos de Velázquez y del Greco en ciertos personajes de *La gloria*. Mujica encontró a su duque en un cuadro, y don Ginés *es* el niño pintado por El Greco en *El entierro del conde de Orgaz*.

En cuanto a los aspectos temáticos, ya aludimos al de la búsqueda, tanto en la novela de Larreta como en las de Mujica Láinez. Eyzaguirre, en un artículo reciente, calificó *La gloria* como novela de formación.[12] A mi parecer, hay poco desarrollo en don Ramiro y en don Galaz, que oscilan constantemente entre tendencias conflictivas. Don Ginés sigue igual hasta la vejez. Como novelas históricas, las citadas aspiran todas a una recuperación del tiempo, con el espacio correspondiente. El subtítulo de *La gloria, Una vida en tiempos de Felipe II*, revela que la España del siglo XVI, más que ambiente es tema de la novela. En la primera novela de Mujica esto ya está en el título, *Don Galaz de Buenos Aires*. Acertó Bogliano al afirmar que la "estampa íntegra de aquella aldea con personajes de todos sus campos sociales constituye el tema de la novela."[13] Mientras *Don Galaz* es una visión de la ilusión de América en el siglo XVII, *Bomarzo* es un lienzo colosal (o una serie de tapices) del renacimiento italiano. En *El laberinto*, Mujica Láinez vuelve al período de *La gloria* inventando otra vida en tiempos de Felipe II. No importa que la muerte del monarca se mencione en la página 239 y que el héroe le sobreviva cincuenta páginas más. Lo que sí importa es que Mujica creó una novela intercontinental, mientras en la de Larreta son americanas sólo las cinco últimas páginas. Estas, sin embargo, significarían más de lo que se puede pensar para el novelista, quien, octogenario, vio en *La gloria* "el conflicto fundamental de la ambición y el renunciamiento."[14] El conflicto dramático interno en el protagonista falta por completo en *El laberinto*. El antagonista de Ginés en sus correrías es el desengaño. En sus folios autobiográficos, supuestamente redactados por Mujica Láinez, leemos:

> Cuando me narró la historia del Laberinto de su Creta natal, el pintor Dominico Greco añadió que la vida de cada uno de nosotros es un Laberinto también. En sus vericuetos, nos acecha el Minotauro de la decepción. Luchamos con él, le escapamos y tornamos a caer en su abrazo inexorable, hasta que sucumbimos al fin.[15]

De la paradójica muerte de este protagonista, entre los indios rebeldes derrotados, a los que quería convertir, sí se puede decir: Este fue el desengaño supremo de don Ginés.

Ya aludimos a rasgos técnicos y estructurales de la narrativa histórica de los dos autores. Se ha dicho que las novelas de Larreta, "En el aspecto técnico . . . no aportan nada nuevo."[16] *La gloria* se relata en la tercera persona, e igualmente *Don Galaz*. *Bomarzo*, *El unicornio* y *El laberinto* se narran en la primera, pero tanto en *La gloria* como en *El laberinto* la muerte del héroe se refiere como algo experimentado por una persona ajena al argumento. El tiempo es casi íntegramente lineal en las cinco novelas. No obstante la preocupación pictórica de ambos escritores y, tal vez, a causa de la estructuración de sus obras en cuadros, las novelas tienen mucho de crónicas.[17] En efecto, *El laberinto* es una crónica de episodios arriesgados y hasta escabrosos. Mientras *La gloria* tiene tres partes, cada una más corta que la anterior, con el enfoque en Avila y un final desconectado en Lima, Ginés de Silva, en *El laberinto*, vagabundea por todo el imperio de Felipe II en nueve más nueve capítulos, nítidamente divididos entre Europa y América.[18]

Larreta tardó años en documentar y cincelar su obra maestra. La siguió puliendo hasta la edición definitiva décadas después. Mujica Láinez pasó años elaborando *Bomarzo*, pero *El laberinto* lo escribió en ocho meses, y se niega categóricamente a revisar sus obras.[19] Larreta se basó en fuentes históricas, documentos, crónicas, biografías y el ambiente de Avila y de Toledo. Esto dotó su novela de cierto realismo. Mujica Láinez hizo lo mismo en el caso de *Bomarzo*. *El laberinto*, sin embargo, reelabora casi exclusivamente fuentes literarias y artísticas.

Ambos argentinos se rodearon de arte. Enrique Larreta fue conocedor y coleccionista; Mujica Láinez director del Museo de Arte Decorativo y crítico de arte de *La Nación*. Por esto, las observaciones de Amado Alonso acerca de la técnica de Larreta se aplican igualmente a su discípulo. También los personajes de Mujica son retratos que salen de su marco—como Ginés. Se animan y participan en situaciones que se convierten en otros cuadros del período o cuadros posibles (cf. Alonso, p. 243). Como Larreta, Mujica prefiere la descripción impresionista de las sensaciones de las cosas a la de las cosas mismas. En *Don Galaz* las excelencias artísticas aun parecen *pastiches* (Bonet, p. 201), pero en *Bomarzo*, como en la novela de Larreta, ''están en función de la atmósfera, resultan esenciales a la narración'' (Omil, p. 299). En *El laberinto* las descripciones son más sobrias y hasta grotescas. Es obvio que las fuentes en que Mujica bebió al escribir esa novela emanan de la tradición picaresca.

Ya hay ironía en *La gloria de don Ramiro*, y se puede dudar de la seriedad del catolicismo decorativo de Larreta. Eyzaguirre, en nuestra década, halla ''truculento'' e ''increíble'' el final de la novela

(Eyzaguirre, p. 242). En *Don Galaz*, por entre aventuras y misterios, Mujica se ríe de la estrechez colonial. *Bomarzo* y *El unicornio* manifiestan una visión irónica de la historia. *El laberinto*, como los dos tomos de crónicas que le precedieron,[20] es abiertamente satírico. Mujica lo satiriza todo, el erotismo, la credulidad religiosa y la administración española. El concepto negativo de la España de Felipe II fue serio en Larreta y es cómico en Mujica. Compárese el párrafo sobre el problema fiscal del monarca en *La gloria* con el del "buen virrey" en *El laberinto*:

Entretanto España se consumía. Aquel rey pedía, exigía sin tregua, hidrópico de tributos, y a veces, su mano, al escurrir la ubre enjuta de los pueblos, no sacaba sino sangre. . . . Las deudas tenían aliento de fiebre. La real hacienda jadeaba. Cada año se gastaban los ingresos de cinco años venideros. (*La gloria de don Ramiro*)[21]

Fue de cuantos virreyes había tenido el Perú hasta entonces . . . quien mejor satisfizo a las permanentes necesidades regias de dinero. El erario de su Majestad parecía un mitológico abismo, y carecía de fondo. . . . Y, como era un caballero que, si amaba al Rey por encima de todo, amaba también tiernamente a los suyos y a lo suyo, Don García tuvo buen cuidado de vigilar el progreso de su patrimonio personal, mientras velaba por el de su príncipe. (*El laberinto*)[22]

El tono distinto hace que *El laberinto*, a pesar de sus múltiples coordinadas modernistas, sea un libro moderno.

State University of New York
Buffalo, New York

NOTAS

* Este ensayo es la versión revisada de un trabajo leído en el Congreso de Literatura Iberoamericana en la Universidad de la Florida en 1977.
[1] André Jansen, *Enrique Larreta, novelista hispanoargentino (1873–1961)* (Madrid: Ediciones Cultura Hispánica, 1967), p. 137.

George O. Schanzer

Es otra cosa, desde luego, la idea de Ivan Schulman de una "pervivencia del modernismo." Véanse sus artículos en *Estudios críticos sobre el modernismo*, intro., sel. y bibl. por Homero Castillo (Madrid: Gredos, 1968), pp. 325–57; y en *Variaciones interpretativas en torno a la nueva narrativa hispanoamericana*, ed. Donald W. Bleznick (Santiago de Chile: Helmy F. Giacomán, 1972), pp. 19–36.

Carmelo Bonet, *Historia de la literatura argentina*, dir. por R. A. Arrieta (Buenos Aires: Peuser, 1959), IV, 199; y María Emma Carsuzán, *Manuel Mujica Láinez* (Buenos Aires: Ediciones Culturales Argentinas, 1952), pp. 47 y 147.

Alba Omil de Piérola, "Mujica Láinez y las posibilidades de la novela," en *La novela iberoamericana contemporánea*, Actas del XIII Congreso de Literatura Iberoamericana (Caracas: Universidad Central, 1968), p. 298.

Manuel Mujica Láinez, "Enrique Larreta en su casa," *Boletín de la Academia Argentina de Letras*, 31 (1966), 399; citado en adelante en el texto por el número de la página.

En *La Nación*, 3 diciembre 1909; citado en: La gloria de don Ramiro *en 25 años de crítica: Homenaje a don Enrique Larreta 1908–1933* (Buenos Aires: Anaconda, 1933), I, 97.

La calle de la vida y de la muerte (Buenos Aires: Espasa Calpe Argentina, 1941), p. 157.

Domingo, 3 diciembre 1933, Sec. II, p. 2, col. 2.

Amado Alonso, *Ensayo sobre la novela histórica. El modernismo en* La gloria de don Ramiro, Fac. de Fil. y Let., U. de B.A. Colección de Estudios Estilísticos III (Buenos Aires: Instituto de Filología, 1942).

Juan Carlos Ghiano, *Análisis de* La gloria de don Ramiro (Buenos Aires: Centro Editor de América Latina, 1968), p. 40.

J. C. B., "De Larreta a Manucho," *Mayoría* [Buenos Aires], 23 junio 1974.

Luis B. Eyzaguirre, "*La gloria de don Ramiro* y *Don Segundo Sombra*: Dos hitos en la novela modernista en Hispanoamérica," *Cuadernos Americanos*, 180, No. 1 (1972), 236.

José Bogliano, *Nosotros*, 3, No. 32 (1938), 479.

Enrique Larreta, "El autor de *La gloria de don Ramiro* habla de su obra," *Boletín de la Academia Argentina de Letras*, 30 (1965), 358. La alusión adicional a un sentido místico-cristiano parece contradecir la idea de Jansen (p. 226) de una evolución de Larreta hacia un panteísmo laico.

Manuel Mujica Láinez, *El laberinto* (Buenos Aires: Sudamericana, 1947), p. 10.

Benito Varela Jácome, "La novelas de Enrique Larreta," *Arbor*, 51, No. 195 (1962), 76.

Otro estudio mío, "Manuel Mujica Láinez, cronista anacrónico," aparece en la *Memoria del Sexto Congreso de la Asociación Internacional de Hispanistas* (Toronto, 1979).

La primera parte tiene nueve capítulos, la segunda (la americana) ocho. La tercera—Fragmento del diario de don Ginés de Silva, en los años 1657 y 1658—constituye el noveno, americano.

Lo declaró en entrevistas publicadas en periódicos y en varias conversaciones con GOS.

Crónicas reales (Buenos Aires: Sudamericana, 1967); y *De milagros y de melancolías* (Buenos Aires: Sudamericana, 1968).

Enrique Rodríguez Larreta, *La gloria de don Ramiro* (Buenos Aires: Espasa Calpe Argentina, 1948), p. 179.

Mujica Láinez, *El laberinto*, p. 193.

Don Quijote's Continuing Concern for Envy

JOHN G. WEIGER

In Chapter 8 of Part II of *Don Quijote* the protagonist discusses the mortal sins and how they are to be dealt with:

> Hemos de matar en los gigantes a la soberbia; a la envidia, en la generosidad y buen pecho; a la ira, en el reposado continente y quietud del ánimo; a la gula y al sueño, en el poco comer que comemos y el mucho velar que velamos; a la lujuria y lascivia, en la lealtad que guardamos a las que hemos hecho señoras de nuestros pensamientos; a la pereza, con andar por todas las partes del mundo buscando las ocasiones que nos puedan hacer y hagan, sobre cristianos, famosos caballeros.[1]

In a brief but perceptive article, Ruth Gillespie has commented: "*Soberbia, envidia, ira, gula, lujuria, pereza*: here are six of the seven mortal sins. *Avaricia* understandably is absent. Certainly it is one sin that caused neither Don Quijote nor his creator any qualms of conscience."[2] This is an apt observation and explains the missing sin very well. The list of vices is then further reduced (with respect to their applicability to Don Quijote himself): "*Gula, lujuria* and *pereza,* of course, can be dismissed from consideration, for they were never his besetting sins, but *soberbia* and *ira* were frequent stumbling blocks to the Don Quijote of the 1605 book" (Gillespie, p. 40). The remainder of Professor Gillespie's article is devoted to a concise demonstration of how, in Part II, Don Quijote manages to divest himself of these two sins.

141

The reader who has been keeping count will have noticed what I have: just as Cervantes or Don Quijote failed to deal with *avaricia*, so has Professor Gillespie neglected to discuss *envidia*. Obviously, I am unable to provide her reason, but in what follows I hope to take a look at the one vice that, consciously or not, she has not explained away, the sin of envy, and its relationship (in *Don Quijote*) to *fama*.

Let me begin, therefore, with what I suspect is an unwitting bit of insight on Professor Gillespie's part: her inability to relieve Don Quijote of the vice of envy. Now, while not everyone agrees on the importance of envy relative to the other six sins,[3] Don Quijote himself evidently considers it the most undesirable of all vices: "¡Oh envidia, raíz de infinitos males, y carcoma de las virtudes! Todos los vicios, Sancho, traen un no sé qué de deleite consigo; pero el de la envidia no trae sino disgustos, rencores y rabias" (II, 8).[4] Significantly, this declaration is made just moments before his recitation of the deadly sins as quoted above.

It may easily be said that envy was the first specific sin to be committed by man. Genesis 3.6 relates the original sin, in an important sense the mother of all sins (as Eve—Genesis 3.20—is called "the mother of all living"), for it opens mortal eyes to the generic knowledge of all the virtues and vices (good and evil). The very first sin to be committed following thereupon is, as related in Genesis 4.5–8, Cain's envy as the result of God's having demonstrated greater appreciation of Abel's offering. So it is that, as the Bible recounts the beginnings of mankind, one commandment by God (prefiguring the Ten Commandments), namely, not to eat of the forbidden fruit, is violated by the "mother of all living," giving birth to the specific vices. The first of these to appear is envy (which arouses ire) and is the initial cause of the first violation of what later will be one of the specific Ten Commandments.

The first arousal of envy, then, was inspired by the observation that someone else had received greater recognition than the individual in question. Although envy can easily be linked to other human weaknesses, it clearly is readily aroused by one's awareness of another's having been more prominently recognized. As Bacon has noted:

> the times when the stroke or percussion of an envious eye doth most hurt, are when the party envied is beheld in glory or triumph. . . . Men of noble

birth, are noted to be envious towards new men when they rise. For the distance is altered, and it is like a deceit of the eye, that when others come on, they think themselves, go back.[5]

*   *   *

Don Quijote not infrequently cites envy as the motivating force which propels those who cause him to find misadventure where he has sought adventure. The disaster of his initial sally is blamed on the envy of none other than Roland, "porque aquel bastardo de don Roldán me ha molido a palos con el tronco de una encina, y todo, de envidia, porque ve que yo solo soy el opuesto de sus valentías" (I, 7). More familiar is the attribution of metamorphoses to enchanters, whose motivation is likewise presented as envy. Accordingly, the disappearance of his library and the conversion of giants into windmills is the work of "aquel sabio Frestón que me robó el aposento y los libros [y] ha vuelto estos gigantes en molinos, por quitarme la gloria de su vencimiento: tal es la enemistad que me tiene" (I, 8). More specific is the similar explanation of the transformation of the sheep by "aquel ladrón del sabio mi enemigo," whom he also calls "este maligno que me persigue, envidioso de la gloria que vió que yo había de alcanzar de esta batalla" (I, 18). And, of course, the alleged metamorphosis of Dulcinea is attributed to "la envidia que algún mal encantador debe de tener a mis cosas" (II, 8).[6] Dulcinea's subsequent enchantment is similarly attributed to enchanters whose envy inclines them to bury in oblivion any possible fame that Don Quijote may have attained. Accordingly, Don Quijote answers the Duke's question with respect to who could have turned Dulcinea into a peasant lass: "¿Quién puede ser sino algún maligno encantador de los muchos envidiosos que me persiguen? . . . Perseguido me han encantadores, encantadores me persiguen, y encantadores me perseguirán hasta dar conmigo y con mis altas caballerías en el profundo abismo del olvido . . ." (II, 32).

The motive of envy attributed by Don Quijote to his enchanters is not lost upon those who accompany him. The squire who believes in him and the curate who humors him both understand that Don Quijote *wants* to be envied, for it means that he is worth remembering, that is, worthy of fame. Don Quijote explains that "si estas calamidades no me acontecieran, no me tuviera yo por famoso caballero andante; porque a los caballeros de poco nombre y fama nunca les suceden semejantes casos, porque no hay en el mundo quien se acuerde de ellos: a los valerosos, sí; que tienen envidiosos de su virtud y valentía a muchos príncipes y a muchos otros caballeros . . ." (I, 47).[7] Such rationalization helps to explain Don Quijote's acceptance of his "enchantment" in the otherwise ignominious cage:

> Pues así es, quiero, señor caballero, que sepades que yo voy encantado en esta jaula, por envidia y fraude de malos encantadores. . . . Caballero andante soy, y no de aquellos de cuyos nombres jamás la Fama se acordó . . . sino de aquellos que, a despecho y pesar de la misma envidia . . . han de poner su nombre en el templo de la inmortalidad. . . .[8]

Accordingly, the curate reveals his comprehension of Don Quijote's psychological needs (if not his spiritual motivation) by ostensibly supporting the enchantment, not as punishment for any sin on Don Quijote's part but as the result of the sin of envy on the part of anonymous others. Envy and malice, in fact, are described as autonomous forces:

> —Dice verdad el señor Don Quijote de la Mancha—dijo a esta sazón el Cura—; que él va encantado en esta carreta, no por sus culpas y pecados, sino por la mala intención de aquellos a quienes la virtud enfada y la valentía enoja. Este es, señor, el Caballero de la Triste Figura, si ya le oístes nombrar en algún tiempo, cuyas valerosas hazañas y grandes hechos serán escritos en bronces duros y en eternos mármoles, por más que se canse la envidia en oscurecerlos y la malicia en ocultarlos. (I, 47)

Sancho Panza has also understood his master's point of view on this subject but goes so far as to link envy with the behavior of the curate himself:

> —¡Ah señor Cura, señor Cura! ¿Pensaba vuestra merced que no le conozco, y pensará que yo no calo y adivino adónde se encaminan estos nuevos encantamientos? Pues sepa que le conozco, por más que se encubra el rostro, y sepa que le entiendo, por más que disimule sus embustes. En fin, donde reina la envidia no puede vivir la virtud. . . . (I, 47)

Sancho subsequently repeats this judgment to his caged master as he attempts to explain the enchantment as the work of the curate and the barber, who "han dado esta traza de llevarle de esta manera, de pura envidia que tienen cómo vuestra merced se les adelanta en hacer famosos hechos" (I, 48).

*   *   *

If Don Quijote is guilty of envy, it is, of course, that other sort of envy—the only kind to which Cervantes himself admits (in his cited response to Avellaneda)—namely, that variety which inspires emulation. As for the iniquitous kind of envy, Don Quijote is ever on guard against this vice which for Unamuno would represent the Hispanic sin par excellence. It is significant, therefore, that the curate, in the passage cited earlier, links envy specifically with malice in an apparent echo of St. Paul (Titus 3.3): ''For we ourselves also were sometime foolish, disobedient, deceived, serving divers lusts and pleasures, living in malice and envy, hateful and hating one another.''[9]

The time prior to seeing the light which Paul refers to as a period in which malice and envy produced hateful character and mutual hatred is the inverse of the loss of Eden, an epoch in which ''comenzó a reinar la enemistad y envidia [después de lo cual] comenzaron a tomar posesiones y a usar de este vocablo *mío e tuyo.*''[10] This last phrase, typical of the utopian literature of the mythical Golden Age, is, of course, articulated in the well-known discourse on this *topos* by Don Quijote to the goatherds (I, 11). This is significant not only for the many reasons explored in a number of illuminating studies on this speech as a whole, but for its particular relationship to an ideal age devoid of envy. Don Quijote's first manifestation of eloquence reveals as an essential characteristic of his motivation the desire to restore a paradisaical ambience free of this deadly sin.

The foregoing should not be taken to imply that the extinction of envy is the overriding aim of the protagonist's crusade. What does emerge, however, is a continuing concern for envy, beginning as early as Chapter 7 of Part I (the attribution of this vice to one of his own models, Roland) as a rationalization of his physical defeats (a paradigm of subsequent rebuffs) and as early as Chapter 11 of Part I (the discourse on the Golden Age) as a manifestation of his ethics. It is, as I have suggested, a *continuing* concern for Don Quijote. If this concern seems to reach its climactic articulation in the passage on the mortal sins in Chapter 8 of Part II, it is nonetheless a pervasive concern which transcends eloquent pronouncements on a mythical age of virtue and a sinful world of vice.

Don Quijote's denunciation of envy and his speech on fame and the deadly sins in Chapter 8 of Part II frame a perceptive comment by Sancho: ''Pues a fe de bueno que no he dicho yo mal de ningún encantador, ni tengo tantos bienes, que pueda ser envidiado; bien es verdad que soy algo malicioso. . . ." We note once more a linking of envy and malice (albeit on a humorous level), but more significant is Sancho's comprehension of envy and its causes, for in effect he states that he has no reason to envy nor to be envied: "desnudo nací, desnudo me hallo; ni pierdo ni gano. . . ." This is one reason why Sancho, unlike his master, has no difficulty sleeping, as Don Quijote himself remarks upon watching the squire's peaceful sleep: "¡Oh tú, bienaventurado sobre cuantos viven sobre la haz de la Tierra, pues sin tener envidia ni ser envidiado, duermes con sosegado espíritu . . . !" (II, 20).

Is Don Quijote capable of experiencing envy? Is it, in other words, a continuing concern about his own susceptibility as well? Inasmuch as envy is not ascribed only to enchanters but to knights like Roland, Don Quijote presumably is aware that even those whom he has set out to emulate may exhibit this mortal sin. It would follow, then, that he is alert to its latent potency even in his own character.

Otis Green views the discussion on fame and the virtues and vices in Chapter 8 of Part II as the "first inkling of the change which the author plans to carry out in the chapters having to do with Don Quijote's final return from the world of illusion and falsehood."[11] Although I detect earlier "inklings," I agree that this passage reveals a trajectory which leads away from worldly glories and toward eternal verities. It is noteworthy, in this respect, that the first admission on Don Quijote's part (that I have been able to discern) with respect to his own possible envy appears well after the chapter on fame. In fact, the moment I have in mind comes specifically following upon what Don Quijote has good reason to interpret as a knightly victory, namely, the defeat of the Caballero de los Espejos (or Caballero del Bosque), alias Sansón Carrasco:

> Con la alegría, contento y ufanidad que se ha dicho seguía Don Quijote su jornada, imaginándose por la pasada victoria ser el caballero andante más valiente que tenía en aquella edad el mundo: daba por acabadas y a feliz fin conducidas cuantas aventuras pudiesen sucederle de allí adelante; tenía en poco a los encantos y a los encantadores . . . ; finalmente, *decía entre sí que si él hallara arte, modo o manera como desencantar a su señora Dulcinea, no envidiaría a la mayor ventura que alcanzó, o pudo alcanzar, el más venturoso caballero andante de los pasados siglos.* (II, 16; emphasis mine)

It does not require inordinate perspicacity to see in this paragraph a confession (significantly said in silence) not only that he could feel envy but that it would be a reaction so likely that he must steel himself to repress it. More significant still is the fact that nothing less than the disenchantment of Dulcinea could subordinate his potential envy for "'el más venturoso caballero de los pasados siglos'" to what he would experience were this disenchantment to be achieved. The insertion of the pronoun *él* in the sentence quoted also lets us know that Don Quijote himself must be the one to achieve this in order to attain the desired result.

*   *   *

Given the understanding of Don Quijote's concern for the sin of envy in himself as well as in others, we may now better appreciate a sequence that revolves around the second duel with Sansón Carrasco (Caballero de la Blanca Luna). Curiously, the series of references I have in mind begins in Chapter 59 of Part II, the very chapter in which we first have official notice of Avellaneda's *Quijote*. Moreover, the two matters are now related, for life and literature have here, as is well-known, converged. Accordingly, the sequence begins when Don Quijote hears himself described as Avellaneda has depicted him, out of love with Dulcinea:

> Oyendo lo cual Don Quijote, lleno de ira y de despecho, alzó la voz y dijo:
> —Quienquiera que dijere que Don Quijote de la Mancha ha olvidado, ni puede olvidar, a Dulcinea del Toboso, yo le haré entender *con armas iguales que va muy lejos de la verdad.* . . .
> —¿Quién es el que nos responde?—respondieron del otro aposento.
> —¿Quién ha de ser—respondió Sancho—sino el mismo Don Quijote de la Mancha, que *hará bueno* cuanto ha dicho y aun cuanto dijere? . . . (II, 59; emphasis mine)

A quick reading would reveal nothing unusual in the responses of Don Quijote and Sancho. After all, what more truly quixotic reaction can there be than a challenge to a duel on behalf of Don Quijote's unending love for Dulcinea? At the risk of stressing the self-evident, let me emphasize (as my italics suggest) that it is important to recognize that Don Quijote has indeed made plain his intention to fight a duel over a matter of truth. We should bear in mind as well that such was the nature of the duel, a tradition inherited from the Goths: the outcome would reflect the judgment of God, hence a declaration of who was right and who was wrong. Sancho adds an important nuance: "*hará bueno* cuanto ha dicho. . . ." As Cejador has explained, this is equivalent to saying that "lo defenderá, hará se tenga por cierto, modo de decir nacido en las antiguas lides particulares en las que las armas decidían de la verdad o de la razón."[12] Don Quijote proposes a duel that will determine the truth which, Sancho helps us to understand, will distinguish good from bad.

No one needs to be reminded that Don Quijote is vanquished in the duel which this discussion prefigures, and that the one truth that remains intact is Don Quijote's undying belief in Dulcinea's beauty. Yet he has been defeated in knightly combat. It is this paradox, I submit, which in combination with the points just discussed, allows us to apprehend an exchange between Don Quijote and that strange character who intrudes in Cervantes' work from Avellaneda's book, Don Alvaro Tarfe. The latter suggests that undoubtedly "los encantadores que persiguen a Don Quijote el bueno han querido perseguirme a mí con Don Quijote el malo." Don Quijote's curious reply is: "Yo . . . no sé si soy bueno; pero sé decir que no soy el malo . . . (II, 72).[13]

We may easily explain why Don Quijote is able to declare confidently that he is not *el malo*. His diffidence with respect to being *el bueno* is somewhat more intriguing. I suggest that this be related to his recent defeat under circumstances specifically related to the revelation of goodness. Although he is able to preserve his truth (Dulcinea=beauty), he nonetheless loses the duel. As a knight-errant, therefore, he cannot lay claim to having revealed goodness.[14] Accordingly, it is Alonso Quijano who may unequivocally assert: "ya no soy Don Quijote de la Mancha, sino Alonso Quijano, a quien mis costumbres me dieron renombre de *Bueno*. Ya soy enemigo de Amadís de Gaula y de toda la infinita caterva de su linaje; ya me son odiosas todas las historias profanas de la andante caballería . . ." (II, 74). Alonso Quijano feels no envy for "el más venturoso caballero de los pasados siglos." And Cervantes, in the ironic apology to Avellaneda for having provided the occasion for the nonsense written by the latter, need feel no envy for a book which had in fact provided Cervantes with *disparates* that he put to use with still greater irony and artistry.

University of Vermont
Burlington, Vermont

NOTES

[1] Miguel de Cervantes Saavedra, *Don Quijote de la Mancha*, in *Obras completas* (Madrid: Aguilar, 1956). All quotations from *Don Quijote* are taken from this edition, and part and chapter numbers are given in my text.

[2] Ruth C. Gillespie, "Don Quijote and the 'Pecados Mortales,' " *Hispania*, 42 (1959), 40.

[3] Cf. Dorothy Clotelle Clarke, *Allegory, Decalogue, and Deadly Sins in* La Celestina (Berkeley: University of California Press, 1968), p. 105: "Although often beautiful-to-look-upon *soberuia* was, no doubt for theological reasons, formally recognized as the most heinous, *cobdiçia-auariçia*, lean and hungry, was in practical matters by far the greatest trouble maker, the most despised, the most prevalent and powerful of the sins, the 'mother' of all the others. . . . It was early identified as the root of all evil, and eventually as the leader." See also Alfonso el Sabio, *Grande e general estoria*, ed. A. G. Solalinde, I (Madrid, 1930), 199: "Et dallí començaron la cobdicia, que es madre de toda maldad, e la envidia, e la malquerencia. . . ."

[4] On a subsequent occasion, Don Quijote raises ingratitude to this level: "Entre los pecados mayores que los hombres cometen, aunque algunos dicen que es la soberbia, yo digo que es el desagradecimiento, ateniéndome a lo que suele decirse: que de los desagradecidos está lleno el infierno. Este pecado, en cuanto me ha sido posible, he procurado yo huir desde el instante que tuve uso de razón . . ." (II, 58). Ingratitude is perhaps midway between avarice and envy, although it would be stretching a point to suggest a direct parallel with either. It is of interest to note, however, that this declaration by Don Quijote follows shortly upon Sancho's perception of the more immediate applicability of gratitude: "Con todo eso . . . que vuesa merced me ha dicho, no es bien que se quede sin agradecimiento de nuestra parte docientos escudos de oro que en una bolsilla me dió el mayordomo del duque . . . ; que no siempre hemos de hallar castillos donde nos regalen: que tal vez toparemos con algunas ventas donde nos apaleen" (II, 58). Cf. Horace, *Odes*, Bk. II, Ode x: "Whoever cultivates the golden mean avoids both the poverty of a hovel and the envy of a palace."

⁵ Francis Bacon, "Of Envy," in *The Essays or Counsels, Civil and Moral, of Francis Ld. Verulam* [Bacon] (Mount Vernon: Peter Pauper Press, n.d.), pp. 34–35.

⁶ The passage continues with Don Quijote's (Cervantes'?) fear that "en aquella historia que dicen que anda impresa de mis hazañas, si por ventura ha sido su autor algún sabio mi enemigo, habrá puesto unas cosas por otras, mezclando con una verdad mil mentiras, divirtiéndose a contar otras acciones fuera de lo que requiere la continuación de una verdadera historia." It is at this point that he voices the previously cited execration of envy. Although it is generally not thought that Cervantes was aware of Avellaneda's spurious continuation as early as the writing of the chapter in question, it is difficult not to see in these lines an accurate description of Avellaneda's work. We should also recall that in the Prologue to Part II (written, of course, after the completion of the work) Cervantes betrays his irritation with Avellaneda's accusation of envy: "He sentido también que me llame envidioso, y que, como a ignorante, me [d]escriba qué cosa sea la envidia; que, en realidad de verdad, de dos que hay[,] yo no conozco sino a la santa, a la noble y bien intencionada. . . ." Cf. E. C. Riley, *Cervantes's Theory of the Novel* (London: Oxford University Press, 1962), p. 215: "Perhaps, as some critics have suspected, Cervantes had heard of Avellaneda's *Quixote* before he came to write Chapter 59. Perhaps doctoring was responsible for these 'premonitions.' But it is just as likely' that neither was the case: that the passages simply illustrate how cunningly Cervantes integrated his criticism of Avellaneda into *Don Quixote* II contriving out of it a brilliant variation on themes already contained in his novel." See, in regard to possible "doctorings," Don Quijote's advice to Don Diego de Miranda concerning the literary efforts of the latter's son: "lícito le es al poeta escribir contra la envidia, y decir en sus versos mal de los envidiosos, y así de los otros vicios, con que no señala persona alguna . . ." (II, 16).

⁷ Cf. II, 42: "Mira, Sancho: si tomas por medio a la virtud, y te precias de hacer hechos virtuosos, no hay para qué tener envidia a los que tienen príncipes y señores. . . ."

⁸ He is addressing the canon, who has just claimed to know "más de libros de caballerías que de las Súmulas de Villalpando."

⁹ Cf. Aristotle, *The Nicomachean Ethics*, II, vii: "Again, Righteous Indignation is the observance of a mean between Envy and Malice . . ." (trans. H. Rackham, Loeb Classical Library [Cambridge: Harvard University Press, 1968], p. 105).

¹⁰ Cristóbal de Villalón, *Ingeniosa comparación*, cited by Américo Castro, *El pensamiento de Cervantes* (Barcelona: Noguer, 1972), p. 203n.

¹¹ Otis H. Green, *Spain and the Western Tradition*, IV (Madison: University of Wisconsin Press, 1966), 67.

¹² Julio Cejador y Frauca, *La lengua de Cervantes* (Madrid: Establecimiento Tipográfico de Jaime Ratés, 1906), s.v. *bueno*.

¹³ For an analysis of this same matter from a different perspective, see John G. Weiger, *The Individuated Self: Cervantes and the Emergence of the Individual* (Athens: Ohio University Press, 1979).

¹⁴ Goodness in *Don Quijote* is not simply the absence of evil but the result of one's achievements. In addition to the matters discussed here with respect to Avellaneda's "Don Quijote el malo," consider the scrutiny of Don Quijote's library. The *Amadís de Gaula* is spared because "es el mejor de todos los libros que de este género se han compuesto" (I, 6). But the son (sequel) cannot inherit the father's goodness, and so *Las sergas de Esplandián* is condemned because "no le ha de valer al hijo la bondad del padre" (I, 6). As is evident, the theme of *cada uno es hijo de sus obras* extends to works of art as well.

The Poetry of
Martín Adán

HUBERT P. WELLER

Martín Adán (pseudonym of the Peruvian post-modernist poet Rafael de la Fuente Benavides) was born in Lima in 1908. He began his literary career in 1927 and soon became known as one of the leaders in so-called pure poetry. His works combine aspects of surrealism with traditional Spanish verse forms and express in a variety of ways the alienation produced by the conflict between the impersonality of modern society and man's inner self in search of lasting values. His work has appeared in periodicals and anthologies throughout the Hispanic world, has come to the attention of scholars in Mexico, Argentina, Spain, Italy, Belgium, and France, and has been translated into Italian, French, and English.[1]

Until the late 1960s, Martín Adán and the movement in pure poetry, of which he is the principal figure in Peru, were largely overshadowed by more socially and politically oriented poets like Vallejo. Of late he has received considerable attention, not only for his intrinsic worth as a poet but also for his recognized influence on younger generations of Peruvian poets, "gracias a los preceptos fundamentales contenidos en su obra: necesidad de una cultura sólida, necesidad de un dominio absoluto sobre el lenguaje, necesidad de que la emoción sea comunicada a través del intelecto (y no viceversa)."[2] Since 1968 almost all of his works have been republished in Peru, including the 1971 edition of his *Obra poética*.[3] In 1975 he received

Peru's prestigious National Literature Prize. Several doctoral dissertations have been completed in Peru dealing with his works.[4] Nevertheless, he is virtually unknown in the United States.

In this paper we shall limit our discussion to Martín Adán's
verse. We shall attempt to give an overview of what he has written,
sketch out its salient qualities, and suggest, perhaps, some aspects of it
that warrant further study. For reasons of space, we cannot here go
into great detail.

A reading of Martín Adán's literary efforts reveals a man of
great cultural breadth and depth, which emanate from his solid
grounding in his classical Spanish heritage as well as from his knowledge of other European literatures, especially that of Germany. (He
completed his secondary education at the Deutsche Schule in Lima.)
He has produced more than thirty distinct works, including one novel,
several lengthy pieces of bibliographical and literary scholarship,
some short prose pieces, several tomes of poetry and collections of
verses, and a number of short poems. We shall cite only his more
significant works in the context of this paper. His career may be
divided into four periods: 1927–31, 1936–50, 1961–66, and 1967–75.

I. 1927–31

"Navidad" (1927). Nineteen lines of free verse (*OP*, p. 177).
"Itinerario de primavera" (1928). Six sonnets in *versos alejandrinos* (*OP*,
    pp. 161–64).
"Romance del verano inculto" (1929). Two hundred and seventy-two lines
    in *romance* (*OP*, pp. 165–73).
"La rosa" (1931). Forty-two octosyllabic lines in consonantal rhyme (*OP*,
    pp. 181–82).[5]

We may refer to this as Martín Adán's *Amauta* period, for, like
so many other young writers of his generation, he was an avid devotee
of the regular *tertulias* held in Mariátegui's home, and for several
years published quite regularly in *Amauta*. On the basis of a number of
his early poems, particularly "Itinerario de primavera," he was
initially considered an eloquent spokesman for the entire vanguard
movement, which saw in surrealism the disintegration of the old social
order and its traditions.[6] Mariátegui himself made much of Martín
Adán's introduction of "el disparate puro" into poetry and his crea-

tion of the "anti-soneto."[7] But Martín Adán was not at heart a true revolutionary.[8] Rather, he was flexing his poetic muscles, developing his skills in the use of the language and the creation of metaphors, which later were to become hallmarks of his verse. In this period we can detect in incipient form three aspects of much of his later work: his use of traditional Spanish verse forms (the *romance* and the sonnet); his extensive use of imagery associated with the sea ("Itinerario de primavera" and "Romance del verano inculto"), which is fully developed in his next period in *Travesía de extramares*; and his preoccupation with the rose as a fundamental poetic image, which is also fully developed in the next period in *La rosa de la espinela* and in portions of *Travesía*.

II. 1936–50

"Aloysius Acker" (1936–47). A long poem destroyed by the author and partially reconstructed in four fragments (Weller, pp. 18–19):
"Narciso al Leteo" (1936). Sonnet in *versos eneasílabos* (*OP*, p. 23).
"Son las mejillas del que besa . . ." (1937). Four *versos eneasílabos* in *romance* (*OP*, p. 54).
"Poesía no dice nada . . ." (1945). Three lines of free verse (*OP*, pp. 75, 141).
"¡Muerto! . . ." (1947). Sixty-six lines of free verse.
La rosa de la espinela (1939). Ten octosyllabic *décimas* (*OP*, pp. 1–16).
"La campana catalina" (1942). Four hundred and fifty verses in *romance* in four sections (*OP*, pp. 190–206).
Travesía de extramares (*sonetos a Chopin*) (1950). Fifty-one hendeca-syllabic sonnets, plus numerous other verses included largely as epigraphs (*OP*, pp. 17–75).[9]

After a hiatus of some five years, during which he began work toward a degree in literature at the University of San Marcos (completed in 1938), Martín Adán began publishing again. He had matured considerably in the interim, and as Núñez points out, "De la mera delectación esteticista pasó a la nota patética y angustiada."[10] His concern is with his inner anguish and with his unceasing struggle to achieve perfect poetic expression, which he seeks within the framework of conventional forms. While influenced by Vallejo, as were virtually all Peruvian poets of the time, he must be classified apart as a representative of *poesía pura*. The term, as applied to Peru, however, must be defined in a special way, for it does not refer to that movement represented by Brémond and his followers. Monguió uses it

> para designar, por medio de una apelación corriente en los ambientes literarios, cómoda, comprensiva y contrastante, la poesía peruana que, en el segundo cuarto de nuestro siglo, no muestra intenciones tan obviamente instrumentales como las de la poesía nativista o las de la poesía social antes descritas. (Monguió, p. 150)

During this period Martín Adán produces three of his most important works: "Aloysius Acker," *La rosa de la espinela*, and *Travesía de extramares*. "Aloysius Acker," perhaps his most deeply personal poem, has never been published in its entirety. Martín Adán himself is alleged to have destroyed the original. What has subsequently appeared in print is what friends and associates have managed to piece together from memory and scattered notes. When the Instituto Nacional de Cultura was preparing its 1971 edition of his *Obra poética*, Martín Adán expressly forbade the inclusion of any part of "Aloysius Acker."[11] Nevertheless, fragments of the poem do appear in the form of epigraphs in *Travesía*.

The best known lines of the lost "Aloysius Acker," which appear as the colophon to *Travesía*, are: "Poesía no dice nada: / Poesía está callada, / Escuchando su propia voz" (*Travesía*, p. 119). Bendezú Aibar, in his excellent study of the poetics of Martín Adán, devotes almost an entire chapter to the analysis of these verses. He observes that "esos versos concentran en su laconismo una poética que alumbrará nuestro camino; recogen, en su aparente simplicidad enunciativa, ideas que conforman una concepción de la poesía que pide ubicación teórica." His thesis is that the fundamental concern of Martín Adán's poetry is "la esencia de la poesía." In his judgment, herein lies Martín Adán's importance in universal literature (*La poética*, pp. 59 and 9, respectively).

The rose is the fundamental image in this period (*La rosa de la espinela*). It is for Martín Adán the symbol of ultimate reality, poetry, that elusive something which he pursues in all of his works. Eielson refers to it as "lo inefable."[12] According to Ferrari:

> es símbolo presente y ausente a un tiempo. La presencia parece resonancia de una ausencia más real y esencial: el espejismo de la belleza remite a otra forma, donde esa belleza se convierte en paradigma y desafío, en inocencia

final; pero ello no supone ninguna solución. . . . Por eso, lo que es la rosa no es su presencia ni su ausencia: la rosa . . . es el incesante, inasible movimiento de la una a la otra.[13]

In 1946 Martín Adán received the José Santos Chocano National Poetry Prize for *Travesía de extramures (sonetos a Chopin)*, portions of which had appeared as early as 1931. This collection of fifty-one hendecasyllabic sonnets is structured on the basis of three fundamental images, or as Ferrari terms them, allegories: the sea, the rose, and music and the piano (Ferrari, pp. 7–8). Each of the sonnets has a title characteristic of musical compositions, such that the collection as a whole resembles a musical score. The fourth sonnet, "Leitmotiv," presents the basic theme:

> —No aquel Chopin de la melografía:
> Colibrí inefable en vahaje,
> O cumbrera y cabrío nel celaje,
> O perspicuo piloto por sombría....
>
> —Mas el antiscio de su travesía:
> Arena así, que ya brolla el miraje;
> O humana presa de selacio aguaje;
> O luna, ahogada, a flor de mediodía....
>
> —No la remera que roza la rosa,
> Sino el otoño que bañó mi vida
> Y pasmó mi melisma más mimosa....
>
> —¡Ay, no la arboladura talantosa,
> Ni el alentar la lona rehenchida!....
> ¡Mas ya....yo....mudo que tajó la boza!
> (*Travesía*, pp. 21–22)

Bendezú Aibar characterizes "Leitmotiv" as

heraldo de la poesía de Martín Adán, su alegoría, la del poeta en trance de poesía: No es la facilidad artística ni la vistosa leyenda de la fama. No es el amor ni la claridad que guía. Es la soledad, el ansia de belleza, la ilusión poética. Es el peligro que acecha, el terror del perseguido, es el miedo de la muerte. (*La poética*, p. 54)

Martín Adán is a master in the use of the metaphor. This obviously ties him to many of the great poets of Spain's Golden Age, especially Quevedo and Góngora. In view of this and the nature of his doctoral dissertation, one might easily conclude that he is essentially a twentieth-century baroque poet. Núñez cautions against this, however, for in his judgment:

> La obra de Martín Adán . . . muestra un tal contenido de significación humana y de desolación tan particular que sería aventurado afirmar como carácter dominante el que rinda a veces culto a lo ornamental o a lo adjetivo. . . . No es acertado hablar de barroquismo para calificar su obra poética. Barroco en términos de común aceptación supone cierta vacuidad en la expresión, alguna complejidad insustancial y más que todo esto, la complacencia morbosa en elevar lo accesorio al papel de lo sustantivo, por medio de juego ingenioso y predominantemente formalista.[14]

Both Ortega and Ferrari point to the essentially antithetical quality of Martín Adán's poetry.[15] Given the elusive nature of what he strives to express in his poetry, he must approach it now from one side and now from the other. Each of his statements contains within itself its own contradiction. It is perhaps this antithetical or contrapuntal nature of his verse that gives it its baroque quality.

III. 1961–66

Escrito a ciegas (1961). One hundred and ninety-four lines of free verse (*OP*, pp. 77–96).

La mano desasida, canto a Machu Picchu (1964). Six hundred and thirty-eight lines of free verse (*OP*, pp. 97–135).

La piedra absoluta (1966). Three hundred and sixty-three lines of free verse (*OP*, pp. 137–53).[16]

For a decade and a half no new poetry came from the pen of Martín Adán. Many thought that he was finished. In 1961, Celia Paschero, a young Argentine writer, visited Lima while gathering material for a dissertation on contemporary Peruvian poetry. Having met Martín Adán by chance, she later asked him to write to her about his life and works. His response took the form of a long poem in free verse, *Escrito a ciegas*. This poem, which begins with the lines: "¿Quieres tú saber de mi vida? / Yo sólo sé de mi paso, / De mi peso, / De mi tristeza y de mi zapato," introduces a new period in his productivity, a period dominated by the use of free verse and characterized by a striking lack of the rhetorical complexity so typical of his earlier periods.

In the opinion of Núñez, *La mano desasida* "coloca [a Martín Adán] en uno de los más altos sitiales de la poesía peruana de todos los tiempos" (*LitP*, p. 48). In both *La mano desasida* and *La piedra absoluta* the stone replaces the rose as the fundamental symbol of the poetic perfection Martín Adán seeks, and "en la piedra el poeta vuelve a figurar la interrogación—más desgarrada, más cerca de la propia persona—por la realidad que huye y la poesía que recupera vestigios" (Ortega, p. 311). The antithetical or contrapuntal quality of his verse continues to manifest itself, although now in terms of different imagery.

IV. 1967–75

"Mi Darío" (1967). Eight sonnets in *versos alejandrinos* (four appear in *OP*, pp. 212–15).

"Diario de poeta" (1969). Twelve sonnets in *versos alejandrinos* (*OP*, pp. 216–27).

Diario de poeta (1975). Thirty-four sonnets in hendecasyllabic verses (six appear in *OP*, pp. 228–33).[17]

This period is set off from the preceding by the fact that Martín Adán again takes up the sonnet, both in *verso alejandrino* and more recently in hendecasyllabic verse. The rhetorical structure of these poems is by no means as dense and complex as during his second period (1931–50). While there are occasional references to the rose, it is difficult to identify in this period any one dominant image or metaphor. Martín Adán is, after all, approaching seventy years of age, and understandably one finds in *Diario de poeta* frequent references to time and death:

> —¡Tiempo, dame la vez de entre las veces,
> Mi vez, la sola vez, el tiempo mío,
> La onda inmóvil de tu eterno río,
> Esa vivaz raíz honda en tus creces!
>
> ¡La cruda eternidad con que pareces
> A cada instante en clímax de albedrío,
> Cristal ardiendo de este fuego frío
> Que cuerpo labra de mis lucideces!....

¡Que se distienda como luz de estrella,
Y sea luz cuajada que dormita
En la satisfacción de la catleya!....

¡Pronto, mi tiempo, Tiempo, que me llega
La muerte agazapada que me habita!....
¡Que ya su diente asoma a luz que ciega!....(Soneto IX)

In Bendezú Aibar's words, "*El diario* de Martín Adán es el diario de un hombre, Rafael de la Fuente Benavides, que durante medio siglo vive en trance de poesía y ¡qué poesía!"[18]

These words effectively sum up both Martín Adán, the man, and Martín Adán, the poet. He is an unusual figure in contemporary Peruvian poetry in that his creative career already spans a half-century. More importantly, however, he has lived a life of complete and utter commitment to poetry. Since the late 1930s he has lived as a virtual recluse, shunning the considerable fame and fortune he could have attained because of his sharp wit. An entire folklore has arisen in Peru concerning his life style and his biting social commentary. To the average Peruvian, Martín Adán, the wit and social critic, is well known. But Martín Adán, the poet, is known only among the *literatos*. And this is to be expected, given his life style, the inaccessibility of much of his work until this decade, and the quality of his poetry. For Martín Adán does not write for the masses. He does not write for others. He writes for himself.

It is impossible to guess what the judgment of the importance of Martín Adán's works in Peruvian literary history will be in another generation or two. For now, anyway, it seems quite clear that he is probably Peru's most significant living poet and perhaps second only to César Vallejo in this century.

Hope College
Holland, Michigan

NOTES

[1] See Hubert P. Weller, *Bibliografía analítica y anotada de y sobre Martín Adán (Rafael de la Fuente Benavides) (1927–1974)* (Lima: Instituto Nacional de Cultura, 1975).

[2] M[iroslav] Lauer, "Martín Adán: Mano asida al absoluto," *Amaru* [Lima], No. 9 (marzo 1969), p. 45.

[3] Martín Adán, *Obra poética (1927–1971), con una selección de juicios críticos* (Lima: Instituto Nacional de Cultura, 1971), hereafter cited in the text as *OP*; *Obra poética (1927–1971)*, prólogo de Edmundo Bendezú, 2ª ed. corr. y aum. (Lima: Instituto Nacional de Cultura, 1976). See also his novel, *La casa de cartón*, prólogo de Luis Alberto Sánchez y colofón de José Carlos Mariátegui, 4ª ed. (Lima: Juan Mejía Baca, 1971); and his dissertation, *De lo barroco en el Perú* (Lima: Universidad Nacional Mayor de San Marcos, 1968).

[4] Among them are: Edmundo Bendezú Aibar, *La poética de Martín Adán* (Lima: P. L. Villanueva, 1969), hereafter cited as *La poética*; Miroslav Lauer, "Un ensayo sobre la obra poética de Martín Adán," Diss. University of San Marcos, 1972.

[5] Martín Adán, "Navidad," *Amauta* [Lima], No. 10 (dic. 1927), p. 47; "Itinerario de primavera, por Martín Adán," *Amauta* [Lima], No. 17 (sept. 1928), pp. 73–75; "Romance del verano inculto," *Amauta* [Lima], No. 21 (feb.-marzo 1929), pp. 62–65; "La rosa," *Bolívar* [Madrid], 1–2, No. 14 (dic. 1930-enero 1931) p. 23.

[6] Luis Monguió, *La poesía postmodernista peruana*, 1ª ed. (México-Buenos Aires: Fondo de Cultura Económica, 1954), pp. 85–86; hereafter cited as Monguió.

[7] José Carlos Mariátegui, "Defensa del disparate puro," *Amauta* [Lima], No. 13 (marzo 1928), p. 11; "El anti-soneto," *Amauta* [Lima], No. 17 (sept. 1928), p. 76.

[8] M[iroslav] Lauer and A[belardo] Oquendo, eds., *Surrealistas y otros peruanos insulares* (Barcelona: Colección Ocnos, 1973), p. 81.

[9] Martín Adán, "Narciso al Leteo," *Palabra* [Lima], No. 1 (sept. 1936), p. 9; "Son las mejillas . . . ," as "Fragmento de 'Aloysius Acker,' " *Palabra* [Lima], No. 4 (abril 1937), p. 7; "Poesía no dice nada . . . ," as epigraph in "Travesía de extramares," *La Prensa* [Lima], 1 enero 1946, p. 6; "¡Muerto! . . ." as "Fragmento de 'Aloysius Acker,' " *Las Moradas* [Lima], 1, No. 1 (mayo 1947), 1–2; *La rosa de la espinela* (Lima: Talleres Gráficos de la Editorial Lumen, Cuadernos de Cocodrilo, 1939); "La campana catalina," *Cultura Peruana* [Lima], 2, No. 11 (dic. 1942), [29–31]; *Travesía de extramares (sonetos a Chopin)* (Lima: Ediciones de la Dirección de Educación Artística y Extensión Cultural del Ministerio de Educación Pública, 1950), hereafter cited as *Travesía*.

[10] Estuardo Núñez, "Martín Adán y su creación poética," *Letras Peruanas* [Lima], 1, No. 4 (dic. 1951), 128.

[11] Martín Adán, letter to José Miguel Oviedo, Director del Instituto Nacional de Cultura, 17 October 1971.

[12] Jorge Eduardo Eielson, Apéndice, *La poesía contemporánea del Perú*, ed. Jorge Eduardo Eielson, Sebastián Salazar Bondy, and Javier Sologuren (Lima: Cultura Antártica, 1946), pp. [83]–84.

[13] Américo Ferrari, "Martín Adán: poesía y realidad," extrait des *Mélanges offerts à Charles Vincent Aubrun*, éd. Haïm Vidal Sephiha (Paris: Editions Hispaniques, Association pour l'encouragement aux études hispaniques, 1975), pp. 4–5; hereafter cited as Ferrari.

[14] Estuardo Núñez, *Literatura peruana en el siglo XX: 1900–1965* (México: Pormaca, 1965), p. 47; hereafter cited as *LitP*.

[15] Julio Ortega, "Martín Adán," in *Obra poética* by Martín Adán (Lima: Instituto Nacional de Cultura, 1971), p. 304, hereafter cited as Ortega; Ferrari, p. 7, n. 8.

[16] Martín Adán, *Escrito a ciegas* (Lima: Juan Mejía Baca, 1961); *La mano desasida: Canto a Machu Picchu* (Lima: Juan Mejía Baca, 1964); *La piedra absoluta* (Lima: Juan Mejía Baca, 1966).

[17] Martín Adán, "Mi Darío," *Amaru* [Lima], No. 2 (abril 1967), pp. 4–5; "Diario de poeta," *Amaru* [Lima], No. 9 (marzo 1969), pp. 39–41; *Diario de poeta*, 1ª ed. (Lima: Editores Inti-Sol, Colección Jacarandá, 1975).

[18] Edmundo Bendezú Aibar, "Diario de Martín Adán," rev. of *Diario de poeta* by Martín Adán, *Ultima Hora* [Lima], 18 dic. 1975, p. 13.

Marianela and
La Symphonie pastorale

MARIE A. WELLINGTON

The only nineteenth-century literary work to which Gide points as a source of inspiration for *La Symphonie pastorale* (1919) is Dickens' *The Cricket on the Hearth* (1843),[1] but narrative and thematic similarities also link Gide's *récit* with Nodier's *Les Aveugles de Chamouny* (1830) and Galdós' *Marianela* (1878). Luis Lozano, in his recent comparative study of these three works, inclines to believe that Gide read Nodier's work, but, although correspondences between *La Symphonie pastorale* and *Marianela* predominate in his essay, he leaves quite open the other central question: "Did Gide know *Marianela*?".[2] The present study will therefore give a more comprehensive analysis on which to base a judgment that Gide was acquainted with *Marianela* and that he had it in mind when he wrote *La Symphonie pastorale*.

Marianela was already known in France by 1883, when Toulouse-Lautrec wrote a lengthy review of it for *Le Correspondant* of Paris, where Gide was living;[3] and in 1884 and 1888 it appeared in French translations published in Paris.[4] Always an avid reader, in the 1890s Gide belonged to a literary group that was very interested in foreign authors, and evidence that Gide studied Spanish literature is found in his *Subjectif* for 1893, where he recorded having read in French translation several plays by Calderón.[5] Further, in 1893, 1905, and 1910 Gide spent some time in Spain. In short, though we have no record of his doing so, circumstances strongly favored Gide's reading *Marianela*.[6]

*   *   *

From simplest outline to narrative details, *La Symphonie pastorale* recalls *Marianela*. When the stories begin, a kind of lone pilgrimage is begun at sunset: Galdós' Teodoro enters the strange area of the mines of Socartes, and Gide's pastor ventures into unfamiliar territory near La Brévine. Each work deals with a blind person who becomes emotionally involved with a guide who interprets the visible world during their idyllic sallies into the countryside. A physician determines that the blind one is operable, and the guide in each case has ambivalent feelings about the possible success of the surgery. Restoration of sight to Pablo and Gertrude leads to psychological problems for Marianela and Gertrude which they seek to solve through suicide. Both are saved, but the problems persist, and neither survives for long. As Teodoro and the pastor contemplate this turn of events, each feels guilt over his part in bringing about the tragedy through performance of his duty as he saw it: Teodoro as a man of science intent on curing man's physical ills and the pastor as a man of God committed to caring for man's spiritual needs. The deaths of Marianela and Gertrude, respectively, show that neither science nor religion is a panacea, for science can bring progress that in turn occasions suffering for which science offers neither explanation nor remedy, and Christian doctrine can be used to justify perverse human behavior that ultimately leads to disaster.

*   *   *

Parallels between the two works relating to the portrayal of Gertrude form a complex and imaginative pattern. In the beginning, Gertrude is not only blind but also unable to speak or to understand the spoken word. She is out of touch with reality, and a neighbor says of her, "Mais c'est une idiote" (p. 879). Pablo suffers only blindness, but it suffices to separate him, too, from the world around him; and it is he who, when sighted, recalls his blindness and exclaims: "¡La

162

realidad! El que no la posee es un idiota.... Florentina, yo era idiota.''[7] When we read Gide's description of Gertrude (''Les traits de son visage étaient réguliers, assez beaux, mais parfaitement inexpressifs'' [p. 880]), note Dr. Martins' reference to Condillac's ''statue animée'' as ''un cas analogue à celui ci [celui de Gertrude]'' (p. 886),[8] and find the pastor speaking of Gertrude's ''visage de statue'' (p. 889), we remember that Galdós pictures Pablo as ''[una] estatua del más excelso barro humano'' whose features are of ''perfección soberana'' but whose face, with eyes ''puramente escultóricos,'' lacks ''el núcleo de la expresión humana'' (p. 700). Just as Pablo does not have ''la conciencia de su propia belleza, la cual emana de la facultad de conocer la belleza exterior'' (p. 700), Gertrude, kept ignorant of evil by the pastor, is unaware of her own sin because she is unaware of that of others.

Prior to Pablo's surgery Teodoro observes:

> En él todo es idealismo. . . . No conoce la realidad....; vive . . . la vida de la ilusión pura. . . . A veces me digo: ''¡Si al darle ojos le convertiremos de ángel en hombre!...'' Problema, duda tenemos aquí... Pero hagámosle hombre; ése es el deber de la Ciencia; traigámosle del mundo de las ilusiones a la esfera de la realidad. (p. 718)

Gertrude's face takes on an ''expression angélique'' when she understands the pastor's instruction, and she reads with her imagination from the ''livre ouvert'' that she pictures to be spread by Nature on the Alpine landscape ''où les anges viennent à lire'' (p. 910), all of which shows that she, too, dwells in a world of illusion and that for her, as for Pablo, recovery of sight is to mark a transition from the angelic state to the human state. Pondering his blind son's future, Don Francisco remarks, ''Ni él querrá casarse, ni habrá mujer de punto que con él se despose'' (p. 720), and Gertrude expresses essentially the same ideas: ''Mais on n'épouse pas une aveugle. . . . Pasteur, vous comprenez, n'est-ce pas, que je ne peux épouser personne?'' (p. 911).

Gertrude's initial moment of comprehension is ''une naissance'' (p. 889), ''un éclairement subit'' (p. 890), comparable to Pablo's ''nacimiento'' when light first reveals to him the visible world. Pablo wants his sight in order to see the beauty that he imagines Marianela to possess (p. 709), while Gertrude yearns for sight so that she can know what evil is and thus avoid adding to it (p. 922). In order to preclude his son's being "ciego dos veces" (p. 701), Don Francisco supplements Pablo's Christian education by reading to him nightly from "libros de ciencia y de historia, de artes y de entretenimiento" (p. 705). Thus, Pablo is better prepared than Gertrude to deal with the surprises that sight brings, for, although he teaches Gertrude braille (p. 892), the pastor limits her reading to "les quatre évangiles, les psaumes, l'apocalypse et les trois épîtres de Jean" (p. 915).

The pastor tries to give the blind Gertrude a concept of colors and of their limitless potential for forming mixtures (p. 893), but not until Pablo can see does Teodoro exercise him in these matters (p. 746). Inability to estimate distances properly causes the newly sighted Pablo to imagine that the distant mountains are within reach of his hand (p. 744), and Gertrude's fall into the river is at first thought to be a result of a similar deficiency (p. 926). Even to picturing the pastor with features that prove to be those of his son Jacques (p. 929), Gertrude reminds us of Pablo, who envisions his guide to be such a paragon of beauty that on first seeing the lovely Florentina he mistakes her for Marianela (p. 745).

It is a noteworthy coincidence that in *La Symphonie pastorale* Gide touches upon matters that also figure in *Marianela* and link it in turn with either the *Lettre sur les aveugles* or the *Traité du beau* by Diderot, with whom scholarly opinion also associates Gide.[9] Among these is the fallibility of the eyes as organs of perception. In his *Lettre* Diderot opines that the eye is "un organe très délicat que le plus léger accident dérange, et qui trompe souvent" (p. 844). Marianela, wanting to be convinced by his pronouncement that she is pretty, paraphrases Psalm 134 to concede to Pablo, "A veces, el que tiene más ojos ve menos,"[10] and Pablo agrees that "el don de la vista puede causar grandes extravíos" (p. 706). When Don Francisco rejects the idea that Marianela is beautiful, Pablo insists that sight alters reality for him (p. 719), and to Florentina, after she gives a fanciful description of La Terrible, he says, "Todo esto que dices . . . me prueba que con los ojos se ven muchos disparates, lo cual indica que ese órgano tan precioso sirve a veces para presentar las cosas desfiguradas" (pp. 729–30). Trying to persuade Gertrude that her mind "sees" clearly enough, the pastor also paraphrases Psalm 134: "Ceux qui ont des yeux sont ceux qui ne savent pas regarder'' (p. 910). The directness of Diderot's *Lettre* is replaced by irony that in *Marianela* derives from Pablo's being so patently in error about Marianela and in *La Symphonie pastorale* from the pastor's selfish wish to keep Gertrude blind to the sinful nature of their relationship.

Another such matter is the question of correspondences between the senses. In his *Lettre*, Diderot considers at length suppositions relating to the likelihood that the cube and the sphere will be identified by the sight alone when they have previously been known only by touch, and vice versa.[11] Galdós and Gide broaden Diderot's concern to include spiritual vision and hearing; and they show that correspondences between the senses can exist, but that it is hazardous to assume that they always do. Sometimes they introduce an evocation of corresponding sensations that is readily imaginable. For example, Marianela describes for Pablo the shining of the sun by likening it to what one feels when one is happy (p. 702), and on hearing the song of birds Gertrude imagines the pure effect of light with its warmth on her cheeks and hands (p. 891). On occasion, too, a single sense gives an accurate perception, as when Pablo knows from the sound of his father's voice that he is weeping (p. 708) and Gertrude similarly is aware of the pastor's tears (p. 895). Other times, limitations in correspondences between the senses are shown. Pablo gathers flowers into his hands, saying that he seems to hear them, see them, and know somehow that they are pretty, but he has to confess at length, "La verdàd, no sé mucho del reino vegetal" (pp. 702–03); and the pastor is unsuccessful in his attempts to teach Gertrude about colors through representing them by musical sounds, because tones of the various instruments are distinct in the different registers (pp. 893–94). At its worst, reliance on correspondences between the senses to provide sensory compensation can lead to profound confusion. This is clearly indicated when Pablo *with* sight is unable to identify Marianela until he feels the touch of her hand on his (p. 753) and Gertrude *without* sight fails to form a realistic image of the pastor (p. 929).

In his *Traité* Diderot sets down Hutcheson's theory regarding the internal sense of the beautiful "qui discerne le *beau* dans la régularité, l'ordre et l'harmonie" and the internal sense of the good "qui approuve les affections, les actions, les caractères des agents raisonnables et vertueux," followed by his judgment that "une chose vraiment *belle* est assez ordinairement une chose bonne."[12] This judgment, which tends to cloud the distinction between these two internal senses, expresses the reverse of what is a firm belief of Pablo and Gertrude: that what is good is beautiful. This belief and Hutcheson's judgment both assume that moral and aesthetic qualities are normally joined in a positive relationship, and inherent in this notion is a potential for error that derives from the fact that, as Diderot points out in his *Lettre* (*Oeuvres*, p. 846), things present so many faces from which to be considered that men do not exhaust them all. Because Pablo's internal sense of the good approves of Marianela's actions and character, to him she is "la belleza más acabada que puede imaginarse," and the logic behind this conviction is revealed in these questions that he puts to Marianela: "¿Cómo podría suceder que tu bondad, tu inocencia, tu candor, tu gracia, tu imaginación, tu alma celestial y cariñosa . . . no estuviese representada en la misma hermosura?" (p. 706). For him the answer is that "la forma no puede ser la máscara de Satanás puesta ante la faz de Dios" (p. 707), and his ultimate disillusionment over Marianela's appearance is predicted by Florentina, who tells him, "Siempre te resultarán algunos buenos chascos cuando abras los ojos" (p. 729). While Pablo makes mistaken judgments about physical beauty, or beauty of form, Gertrude errs regarding spiritual beauty, or beauty of soul. Dr. Martins tells the pastor that man's soul more readily imagines beauty and harmony than disorder and sin (pp. 887–88), and blindness makes it even easier for Gertrude. The pastor assures her, "Le mal n'est jamais dans l'amour," and, feeling only goodness in her heart (p. 911), she does not realize that even love has more than one face—that of Christian charity and that of human passion—nor that human passion can be considered bad in the light of Christian belief.[13] It is through Jacques that she comes to understand. At the clinic he reads to her two passages in the Bible that the pastor has withheld from her, John 9.4 and Romans 7.9. In the first, these words of Christ appear, "Si vous étiez aveugle, vous n'auriez point de péché," and the second contains this verse of Saint Paul: "Pour moi, étant autrefois sans loi, je vivais; mais quand le commandement vint, le péché reprit vie, et moi je mourus" (p. 929). On leaving the clinic Gertrude recognizes how wrong it was for her to cause Amélie sadness by replacing her in the pastor's affections. She grieves more deeply, however, over her relationship with the pastor. The world's beauty and harmony are now marred for her by the ugliness of sin, hers and the pastor's, and just before sending the pastor away forever she tells him, "Vous voyez bien qu'il ne me reste qu'à mourir" (p. 929). In the end, then, confusing the good and the beautiful leads Gertrude as well as Pablo to an illusion-shattering confrontation with reality, to which he can adjust and she cannot.

The manner in which Gertrude dies is but one way in which she resembles Marianela rather than Pablo. When the pastor, moved by Christian charity, takes Gertrude from her dead aunt's cottage, she allows herself to be led off "comme une masse involontaire" (pp. 879–80), in much the same way that Marianela, taken away from the Centeno house by a well-meaning Florentina, "se dejaba llevar sintiéndose incapaz de oponer resistencia" (p. 735). The family that takes into its home each of the orphans is large, the pastor and his wife having five children and the Centenos four; and abandonment, which leaves Marianela "atrasadilla" (p. 714), causes Gertrude to be "arriérée" when she enters the pastor's home (p. 886). When the pastor says of Gertrude, "Ses cris n'avaient rien d'humain; on eût dit les jappements d'un petit chien" (p. 881), we recall that Marianela, who sleeps in a basket like a domestic animal, tells Celipín, "Yo no soy persona" (p. 696), that, although both Marianela and the Centeno's cat are fed left-over soup, only the cat is addressed in endearing terms (p. 698), and that Florentina proposes to raise her from "la jerarquía de los animales domésticos a la de los seres respetados y queridos" (p. 696). Signs of the low esteem in which both are held are Carlos' choice of "eso" to refer to Marianela (p. 714) and Amélie's preference for "ça" in speaking of Gertrude, a use of the neuter that makes the pastor's soul tremble (p. 881). Although Marianela is said to be sixteen, Teodoro judges her to be twelve at most (p. 691), and, while Gertrude's age is first thought to be "une quinzaine d'années" (p. 879), the pastor later concludes that she is considerably older than she had seemed (p. 899). The discussion of beauty by the pastor and Gertrude after they hear Beethoven's *Pastoral Symphony* leads her to ask, "Est-ce que je suis jolie?" (p.

896), and on two occasions Gertrude wears flowers braided in her hair in the manner of shepherdesses of old (pp. 920, 927–28). All this is reminiscent of a single pastoral scene in *Marianela* in which Pablo, drawing from a book read to him by his father, gives a discourse on beauty, and Marianela fixes in her hair a garland of flowers, leans over a pool to contemplate her reflection, and asks Pablo if his book says that she is pretty (p. 706).[14] Finally, while Teodoro plans to test on Marianela "un sistema de educación" (p. 743) because he is convinced that she "está hecha para realizar en poco tiempo grandes progresos" (p. 750), the pastor actually implements such a system with Gertrude, and his record shows that "ses progrès furent d'une rapidité déconcertante" (p. 899).

*   *   *

Other similarities between *La Symphonie pastorale* and *Marianela* center in characters who fail to live by their avowed commitment to the principle of Christian love. Perhaps because his misinterpretations are conscious enough for him to engage in self-deception to avoid the necessity of correcting them, the pastor has no equal in either work. Among his most culpable actions are: preaching to Jacques on the cowardliness of taking advantage of Gertrude's blindness and innocence while he himself is doing so, keeping Gertrude ignorant of sin in order to involve her in an illicit love affair while rationalizing that his love for Gertrude is only charitable, and later, having acknowledged that it is erotic, asking God to look upon it as holy no matter how guilty it may appear to men. If the pastor goes too far in the name of charitable love, Amélie does not go far enough. She is only lukewarm in fulfilling the Christian duty of charity toward Gertrude, and of her the pastor says: "C'est une personne qui tient à ne pas aller au-delà, non plus qu'à rester en deçà du devoir. Sa charité même est reglée comme si l'amour était un trésor épuisable" (p. 880). At first she is irritated by Gertrude's presence and her filthy condition, and later, in a voice loud enough for a comprehending Gertrude to hear, she complains about the pastor's neglect of his own children in order to care for Gertrude. Comparable behavior characterizes five individuals in *Marianela*. Señana counts on winning her "puestecito

en el cielo'' (p. 698) by giving Marianela a minimal sustenance—
sometimes less than she gives her cat. Sofía organizes raffles to collect
money for the poor but cares less that Marianela's unshod feet are
bleeding than that her dog Lili may come to harm. Unconcerned that
Marianela is present, Don Francisco laughs at the absurdity of Pablo's
thinking that she is pretty. Florentina sees Marianela only as one of the
poor, and, insensitive to the girl's feelings for Pablo, she chooses her
to share her home with Pablo if the Virgin grants him his sight. Even
Pablo is remiss. Having told Marianela that he will marry her, once he
has his sight he rejects her for Florentina without a word of explanation. In short, like Amélie, these characters sin less by intent than by
inability to perceive how far their thoughts and actions fall short of the
Christian ideal.

* * *

It is not the intention here to enumerate the points that *La
Symphonie pastorale* has in common with both *Marianela* and
Nodier's *Les Aveugles de Chamouny* but rather to look at ways in
which it recalls one and not the other. An Alpine setting, a blind girl,
education of the blind through the use of braille, and the idea that
ignorance of evil is happiness—these are the principal features that
appear in *La Symphonie pastorale* and *Les Aveugles de Chamouny* but
not in *Marianela*. They are not, however, conclusive evidence of
direct contact. It has been pointed out that Gide's choice of La Brévine
as the setting of his story is related to the fact that he stayed there while
in Switzerland in the winter of 1894 (Wilson, p. 72). The example of
The Cricket on the Hearth could easily explain Gide's choice of a
blind girl as his subject. While braille had just been invented when
Nodier's story appeared,[15] it was common enough by the time Gide
wrote *La Symphonie pastorale* for him to mention it without ever
having read Nodier's story. Finally, the evils to which Nodier refers
are misfortunes, not sins, as are the evils in Gide's *récit*.

On the other hand, many of the parallels between *La Symphonie
pastorale* and *Marianela* involve elements that are absent in Nodier's
work. The principal ones are: the love triangle; the idea that gaining
sight occasions a passage from the angelic to the human state; a blind

person's desire to see; a discussion of beauty; paraphrasing of Psalm 134; the predisposition toward rapid progress in one whose development has been retarded; a convalescence after eye surgery; mistaken identification of a loved one; attempted suicide, rescue, and subsequent death from psychological complications; and feelings of guilt in one who acknowledges his part in causing the tragedy. Lesser points are: the opening of the story at sunset; care of an abandoned orphan by a large family; the use of the term "idiot" to refer to a blind person; the concept that gaining sight is a new birth; and the newly sighted person's problem of estimating distances.

Still, what most clearly sets *La Symphonie pastorale* and *Marianela* apart from *Les Aveugles de Chamouny* is seriousness of purpose. Nodier is a Romantic writer of sentimental, escapist literature, and whatever point his story makes is incidental to the entertainment it provides. There is in it none of the preoccupation with Christian values that characterizes the other two works. Living in an age that brought new philosophical thought, scientific advancement, and industrialization to Spain, Galdós tried in *Marianela* to reconcile with the Catholic conscience, a vital part of Spain's heritage, the principles of change that were current. He searched for solutions for the Spanish people, and the sincerity of his seeking inspired in him opposing views and doubts as it does in those who read *Marianela*, where deficiencies of positivism, medical science, and the prevailing socio-economic system are revealed. In Gide it is a similar need to be sincere, to be himself, that occasions a conflict between his strongly Protestant mentality and his homosexuality, a conflict that can be compared to that of the pastor.[16] In both cases there is a counterposing of natural love and a moral code in the light of which it is sinful. Thus, the pictures ultimately projected of Teodoro and the pastor profoundly distressed over the consequences of what they have done would seem to be reflections of their creators: Galdós contemplating the desensitizing effects of progress on society, and Gide struggling to come to terms with his deviant sexuality.

Concerning influences on him, Gide wrote: "At the most they helped me to disentangle my thought. And even then? I took pleasure in hailing those in whom I recognized my thought. But that thought was mine, and it is not to them that I owe it . . ." (*Journals*, II [1948], 420). Nevertheless, wide reading and retentive memory enabled him to gather and store material that was to be "grist to the Gidean mill" (Laidlaw, p. 185). The relationship between *La Symphonie pastorale* and *Marianela* exemplifies this, for, although the many parallels and similarities shown here leave little room for doubt that Gide did indeed know *Marianela*, the fundamental concept of Gide's work is his own. While Galdós' approach is objective, Gide's is subjective. While the good of society is the concern of Galdós, the good of the individual soul is the focus of Gide. So it is that with Gide, as with Galdós, the identification of his sources of grist only enhances appreciation of his skill in grinding it to shape his own artistic form.

Elmhurst, Illinois

NOTES

[1] André Gide, *La Symphonie pastorale*, in *Romans: Récits et soties, oeuvres lyriques* (Paris: Gallimard, 1975), p. 889. Henceforth, page references to this work appear in my text.

[2] Luis Lozano, "*Marianela* de Galdós y *La sinfonía pastoral* de Gide: Un estudio comparativo," *Letras de Deusto*, 4, No. 8 (1974), 225–38.

[3] Toulouse-Lautrec, "Un romancier espagnol contemporain: Pérez Galdós," *Le Correspondant*, 132, No. 3 (1883), 518–43.

[4] These translations were by A. Germond de Lavigne (Paris, 1884) and Julien Lugol (Paris, 1888).

[5] Jacques Cotnam, "Le *Subjectif*, ou les lectures d'André Walter (1889–1893)," in *Cahiers André Gide I: Les Débuts littéraires* (Paris: Gallimard, 1969), p. 51.

[6] Although Madame Catherine Gide wrote to me on August 23, 1978 that *Marianela* does not appear in the inventory of her father's library that she has, it is possible that a copy of the novel was among the books that Gide sold to finance his trip to the Congo with Marc Allégret in 1925–26.

[7] Benito Pérez Galdós, *Marianela*, in *Obras completas*, IV, 4ᵃ ed. (Madrid: Aguilar, 1960), 747. All further page references to this work appear in my text.

[8] To illustrate his sensationalist theory of knowledge, Condillac (1715–80) used the imaginary figure of a statue that is brought to life receiving one at a time the senses normal in humans.

[9] See my article, " 'Marianela' de Galdós y Diderot," *Cuadernos Hispanoamericanos*, No. 324 (1977), pp. 558–69. G. Norman Laidlaw's *Elysian Encounter: Diderot and Gide* (Syracuse, N.Y.: Syracuse University Press, 1963) is a fascinating comparative study.

[10] Psalm 134.16 reads: "They have eyes, but they see not."

[11] Diderot, *Lettre sur les avuegles à l'usage de ceux qui voient*, in *Oeuvres*, ed. André Billy (Paris: Gallimard, 1951), pp. 845–60; hereafter cited as *Lettre*.

[12] Diderot, *Traité du beau*, in *Oeuvres*, pp. 1079 and 1083; hereafter cited as *Traité*. Francis Hutcheson (1694–1746) was the founder of utilitarianism.

[13] For a discussion of *agape* and *eros* in relation to the pastor and Gertrude, see W. Donald Wilson, *André Gide*: La Symponie Pastorale (Basingstoke and London: Macmillan, 1971), pp. 33–34.

[14] For observations on pastoral aspects of *Marianela*, see my article, "*Marianela*: Nuevas dimensiones," *Hispania*, 51 (1968), 38–39 and 48.

[15] Louis Braille (1809–52), blind himself, was a teacher of the blind and, in 1829, invented the system that bears his name.

[16] Gide's remarks about his own conflict not only support the making of this comparison but also indicate something about the genesis of *La Symphonie pastorale*: "I am torn by conflict between the rules of morality and the rules of sincerity. Morality consists in substituting for the natural creature (the old Adam) a fiction that you prefer. But then you are no longer sincere. The old Adam is the *sincere man*. This occurs to me: the old Adam is the poet. The new man, whom you prefer, is the artist. The artist must take the place of the poet. From the struggle between the two is born the work of art" (*The Journals of André Gide*, trans. Justin O'Brien, I [New York: Knopf, 1947], 19). This work is hereafter cited as *Journals*.

Rhythmic Pattern in the *Quijote*

HENRYK ZIOMEK

Every reader of the *Quijote* quickly becomes aware that Cervantes was concerned with style and aesthetics when he wrote his great masterpiece. Although an innovator in his own right, the first modern Spanish novelist made use of the accepted stylistic devices and methods of the Spanish and classical masters before him. It is generally agreed that the episodic structure and linear plot follow novelistic techniques that appeared characteristically in the earlier novels of chivalry. *El Caballero Cifar* and especially *Amadís de Gaula* with its sequels served as models for his dialectic and chivalresque style. Having been a serious student of literature, Cervantes, moreover, was influenced by the style of classical authors to obtain rhythmic patterns in his novel. From Homer's *Iliad* and *Odyssey* he learned the technique of using numerous and various kinds of parallel phrases for constructing complex sentences. He used Virgil's *Aeneid*, with its employment of words and phrases in series, as a model for his stylistic flexibility, and he emulated the sentence structures in Cicero's *Catilinarias*.

Like his Spanish and Italian predecessors, Cervantes adhered to the classical principles of objectivity, formality, balance, simplicity, dignity, and restraint. However, his work also reflects the artistic trends that belong to the great cultural era into which he was born—the Renaissance, during which time baroque style in the arts started to flourish. The structural division of the *Quijote* and the arrangement and interrelationships of its characters, animals, episodes, objects, words, and sentences prove that its author was not just following his predecessors but was also expressing elements characteristic of the baroque temper.

There is reason to believe that Cervantes acquired his ability to express the new artistic modes of his era from his occupation as an agent for Antonio Guevara, the Purveyor-General of the fleet to the New World, and as a tax collector for eight years. During the Renaissance new interest in worldly affairs resulted in concern for details in every phase of life. Cervantes, whose occupation centered around numbers and the itemizing of details, adopted the same systematic habits in his writing.

Taking into consideration Cervantes' classical influences and the new baroque ideas of his age, one can identify in the *Quijote* several stylistic features. The most characteristic of these is dualism, which is reflected in his strong inclination to present characters, objects, and ideas in sharp contrasts, much as the artists who used the chiaroscuro technique did to obtain contrasting light and dark colors. The novelist's insistence on presenting two or more viewpoints in almost every situation shows up immediately with the pairing of the protagonists. Whereas Don Quijote is a slender, idealistic knight-errant, Sancho Panza is a stout, pragmatic laborer. In their prolific dialogues, they present explicit contrasts, ranging from the picturesque to the violent, and their discussions embrace contrasting views on topics from knight-errantry to mundane details.

Besides the two main protagonists, Cervantes presented about fifty other significant pairs of characters who possess parallel yet contrasting qualities. With the use of these portraitures he was able to depict contrary opinions, idealize his portrayal of the medieval knight, exhibit a dramatic manner of discussion, and expose numerous ethical and aesthetic doctrines about the nature of knowledge, life, justice, and literature. Through the use of such characters, Cervantes was able, convincingly, to present such conflicting viewpoints about truth and reality that history was made to look like fiction and vice versa.

The results produced by presenting dualistic ideas in paired characters can be observed in the episode in which the main characters in the books of chivalry are separated into two contrasting groups.

Upon placing Don Quijote in several literary disputes about these characters with the curate and the barber, the hypothesis is exposed that two antagonistic principles exist in the universe—good and evil or falsehood and truth. At the conclusion of these debates it becomes apparent that Don Quijote's folly is the result of his error in making his life serve as an imitation of literature. By changing from a real to a literary personality, the knight degenerated and fell into mental aberration.

In the eurythmic treatment of the first expedition to the inn, antithetical interpretations stunningly confuse the issue of reality. Everything is given a dualistic interpretation. There may have been two authors and two settings; questions concerning the difference between day and night, the knight and his horse, and being weary and dying are asked; finally, the prostitutes are transformed into highborn maidens. Despite the objective, although burlesque, description of the situation, Don Quijote dupes those present into believing that the inn is a castle and convinces the roguish innkeeper to let his guest depart without paying for his lodging.

Among other dual qualities in the *Quijote* which cannot be regarded as accidental are its division in two parts, the two sallies and returns of Don Quijote in Part I, the two anecdotes about madmen in the Prologue to Part II, the repetition of the anecdote about Orbaneja (an artist of inferior quality),[1] the speeches on arms and letters (II, 6), and the citing of Zaragoza and Barcclona as thc two places for some jousts (II, 10 and 60).

Upon examining the *Quijote* minutely, one finds that the structural design of Cervantes' sentences also contains rhythmic qualities.[2] One of the techniques he used that displays duple patterns in his prose is the syndetic device, in which words are connected by means of conjunctions. When using *y*, he conveyed binary meaning to an endless number of paired characters, nouns, adjectives, adverbs, phrases, and sentences: "ruidos y pendencias" (I, 8); "valor y esfuerzo" (I, 19); "compañeros y amigos" (II, 59); "razones y pláticas" (II, 66); "los grandes y los menores, los pobres y los ricos" (II, 43); "las divinas y humanas" (I, 8); "hermosa y honesta" (I, 25); "los billetes concertados y discretos" (II, 1); "la retórica ciceroniana y demostina" (II, 32); "bonita y pasitamente me apeé" (II, 41); "con

yangüeses y con moros encantados'' (II, 5); ''defendiéndolo de moros
y cristianos, de naturales y extranjeros'' (II, 45); ''comenzó a hacer
pucheros y a derramar lágrimas'' (II, 74); ''Hízolo así el capellán y el
rector le dijo'' (II, 1); ''llegó Don Quijote y descolgó a Sancho'' (II,
34).

    Elsewhere the copulative conjunction is used to stress antithet-
ical qualities: ''el tener y el no tener'' (II, 20). It also contributes to the
humor in the polysyndetic series of words of the illiterate Sancho
when he speaks rustically to his wife:

> Basta que me entienda Dios . . . que Él es el encantador de todas las cosas,
> y quédese esto aquí; y advertid, . . . requerid la albarda y las demás jarcias;
> porque no vamos a bodas, sino rodear el mundo, y a tener dares y tomares
> con gigantes, con endriagos y con vestiglos, y a oír silbos, rugidos,
> bramidos y baladros; y aun todo esto fuera flores de cantueso si no
> tuviéramos que entender con yangüeses y con moros encantados. (II, 5)

    The dualistic character of the novel, which is based on the
continuous interplay of words, is also made more evident with the
novelist's use of the disjunctive conjunction *o*. Since he frequently
combined numbers with the use of this word, the reader is forced to
participate actively in drawing his own conclusions. By giving ap-
proximate amounts in regard to persons, animals, objects, time, ages
of people, distance, and money, monotony is broken and binary
rhythms come into existence. The following examples can be cited
from a long list of phrases containing the use of *o* with numbers: ''dos
o tres oficiales amigos'' (I, Prólogo); ''cuatro o cinco de a caballo'' (I,
8); ''dos o tres gatos'' (II, 46); ''treinta o cuarenta molinos'' (I, 8);
''trescientos o cuatrocientos azotes'' (II, 59); ''ocho años o ocho
meses'' (I, 15); ''diecisiete o dieciocho años'' (II, 65); ''dos o tres mil
leguas'' (I, 31); ''trescientos o seiscientos ducados'' (II, 47).

    When numbers are not used with *o*, negative traits, often with
the purpose of ridiculing, are stressed: ''don Azote o don Jigote'' (I,
30); ''Don Quijote o don diablo'' (I, 35); ''no saber un hombre leer, o
ser zurdo'' (II, 43); ''por loco o por cuerdo'' (II, 58). Sancho makes
use of the conjunction *ni* when he diplomatically tries to make his
master perceive reality. In another instance, when the knight thinks
two approaching flocks of sheep are two great armies about to attack
him, Sancho negates Don Quixote's statements by saying that ''no

hay gigante ni caballero alguno, ni gatos, ni armas, ni escudos partidos ni enteros, ni veros azules ni endiablados'' (I, 18). *Ni also* successfully helps to describe striking qualities, as it does in the description of himself given by the Gentleman in Green: ''pero no mantengo ni halcón ni galgos, ni gusto de murmurar, ni consiento que delante de mí se murmure; no escrudiño las vidas ajenas, ni soy lince de los hechos de los otros'' (II, 16).

Other frequently employed disjunctive conjunctions in the novel are *pero* and *sino*. In contrast to the binding quality of the conjunctive *y, pero* or *sino* conveys a more emphatic and paradoxical meaning, as can be seen in the following examples: '' 'Loco, pero gracioso'; . . . 'Valiente, pero desgraciado' '' (II, 2); ''pueda componer no sólo segunda parte, sino ciento'' (II, 4); ''¡No *milagro, milagro*, sino industria, industria!'' (II, 21).

Cervantes also utilized other means than conjunctions to convey rhythmic qualities in his writing. The use of repetition has a natural quality when it gives importance to an impending occasion. Outstanding among many examples of this rhetorical device in duple patterns are: ''¡No, no Zoraida: María, María! . . . Sí, sí, María, María'' (I, 37); ''¡Cristianos, cristianos! ¡Ladrones, ladrones!'' (I, 41); ''¡Ah, cerrera, cerrera, Manchada, Manchada! . . . Volved, volved, amiga . . .'' (I, 50).

The novelist's use of paronomasia enabled him to give his novel other interesting twofold patterns. This device, having two words with certain phonetic or etymological similarities, often counterposes the colloquial speech of Sancho and the correct expressions used by his master, and puns such as the following add much humor: *Frestón— Fritón* (I, 7); *cris—eclipse* and *estil—estéril* (I, 12); *aquella reina Magimasa—la reina Madásima* (I, 25); *Malino—Mambrino* (I, 44); *personajes—presonajes* (II, 3); *resuelto—revuelto* (II, 5); *reducida—relucida, fócil—dócil*, and *revolcar—revocar* (II, 7); *sorbiese—asolviese* (II, 8); *abernuncio—abrenuncio* (II, 35); *Magallanes—Magalona* (II, 41); *don vencido—don molido* (II, 70).

In the *Quijote* chiasmi and anastrophes serve as other dualistic embellishments that are characteristic of the baroque style. Some of these figures of speech, which appear abundantly, are: ''[¿]Sancho amigo, duermes? ¿Duermes, amigo Sancho?'' (I, 17); ''unos fueron, que ya no son, y otros son, que ya no fueron" (I, 21); "juzga lo blanco por negro y lo negro por blanco" (II, 10); "el grande Homero no escribió en latín, porque era griego, ni Virgilio no escribió en griego, porque era latino" (II, 16); "tripas llevan pies, que no pies a tripas" (II, 34); "yo, Sancho, nací para vivir muriendo, y tú para morir comiendo" (II, 59).

An interesting figure of speech that points to binary rhythm is concatenation. Its use efficiently brings a labyrinth of confusion to a climax, such as in the incident in which Don Quijote mistakes the night visit of Maritornes for that of the daughter of the warden. The resulting scuffle between the jealous carrier and the knight is succinctly described by the author: " 'el gato al rato, el rato a la cuerda, la cuerda al palo', daba el arriero a Sancho, Sancho a la moza, la moza a él, el ventero a la moza . . ." (I, 16). Another example of concatenation is: "Callaban todos y mirábanse todos: Dorotea a don Fernando, don Fernando a Cardenio, Cardenio a Luscinda, Luscinda a Cardenio" (I, 36). Similarly, when Sancho narrates a folk story about a shepherd named Lope Ruiz, who fell in love with a shepherdess, his long-winded, simple speech is expressed in the twofold rhythm of this figure of speech: "había un pastor cabrerizo, . . . el cual pastor o cabrerizo . . . [se llamaba] Lope Ruiz; este Lope Ruiz andaba enamorado de una pastora que se llamaba Torralba; la cual pastora llamada Torralba era hija de un ganadero rico; y este ganadero rico . . ." (I, 20).

While the baroque elements of parallelism, repetition, alliteration, and opposition can be found in Cervantes' twofold combination of words and phrases, progression and completion in his triple, quadruple, and longer groupings produce more rhythmic patterns. Many of his complex sentences contain long series of various parts of speech. When assembling these lists of nouns, adjectives, verbs, clauses, and sentences, he assumed the role of an encyclopedist, since they are almost definitive. While giving poetic tone to the prose, he listed items in categories, such as devices for security: "candados, guardas ni cerraduras" (I, 51); names of flowers: "jasmines, rosas, amaranto y madreselva" (II, 20); musical instruments: "flautas, tamborinos, salterios, albogues, panderos y sonajas" (II, 19); types of assessments: "pecho, alcabala, chapín de la reina, moneda forera, portazgo . . . barca" (I, 45); kinds of weapons: "lanzones, ballestas, partesanas, alabardas y picas, arcabuces, rodelas" (II, 27). Furthermore, Sancho eats "un salpicón de vaca con cebolla y unas manos cocidas de ternera," but it is as if they were "francolines de Milán, faisanes de Roma, ternera de Sorrento, perdices de Morón, o gansos de Lavajos" (II, 49).

Cervantes often subdivided general items into six parts for discussion; perhaps he was subconsciously influenced by the duodecimal system, which still dominated in his time as the basis for counting. Among other examples, there are six topics about which an author can write (I, 47), six different reactions of six people in the goatherd's story (I, 51), six faults of women (I, 51), six qualities in an ideal lady (II, 32), six lessons man has learned from six different animals (II, 12), and six exotic treasures to be offered to Countess Trifaldi by the love of Princess Antonomasia (II, 38).

But he made use of groupings in other lengths, which also have rhythmic qualities. Poems and letters are full of "quejas, lamentos, desconfianzas, sabores y sinsabores, favores y desdenes" (I, 23); in reading, Don Quijote fills his mind with "encantamientos, . . . pendencias, batallas, desafíos, heridas, requiebros, amores, tormentas y disparates" (I, 1); and after a fight at the inn, the confusion takes the form of "llantos, voces, gritos, confusiones, temores, sobresaltos, desgracias, cuchilladas, mojicones, palos, coces y efusión de sangre" (I, 45).

The use of adjectives in groups from two to twenty-five provides more opportunities for rhythmic patterns in the *Quijote*. Some fall into triple groupings, but more often duple meters can be detected in the longer sets of words. Consider, for example, the following: the Moors are "embelecadores, falsarios y quimeristas" (II, 3); a peasant girl is "hermosa, recatada, discreta y honesta" (I, 24); the story of a knight-errant would have to be "grandílocua, alta, insigne, magnífica y verdadera" (II, 3); Dulcinea alone is "hermosa, discreta, honesta, gallarda, y bien nacida" (II, 44); welcome is extended to Don Quijote, "no el falso, no el ficticio, no el apócrifo . . . sino el verdadero, el legal y el fiel" (II, 61); books are read "de los grandes y de los chicos, de los pobres y de los ricos, de los letrados e ignorantes, de los plebeyos y caballeros" (I, 50).

The passage containing the names of twenty-five famous families from which Dulcinea did not descend constitutes a lengthy circumlocution. It was not necessary for the novelist to include such tongue-twisting words unless he was interested in producing tantalizing sounds. With the exception of the interpolated couplets, stanzas, sonnets, and *quintillas*, the conversation between the lady-in-waiting, Dolorida, and Sancho contains the novel's most poetic section. Their invention of numerous superlatives ending with *-ísimo*, *-ísima*, or *-ísimos* was intended, no doubt, as a satire on courtly language:

> señor poderosísimo, hermosísima señora y discretísimos circunstantes
> . . . mi cuitísima en vuestro valerosísimos pechos . . . el acendradísimo
> caballero Don Quijote de la Manchísima, su escuderísimo Panza.
> . . . el Don Quijotísimo . . . dolorosísima dueñísima . . . quisieredísimis
> . . . aparejadísimos . . . servidorísimos. (II, 38)

The succession of verbs frequently appears in patterns of five: "lo habéis de creer, confesar, afirmar, jurar y defender" (I, 4); "ella lloró, gimió y suspiró, y se fué, y me dejó" (I, 27). In selecting a name for his horse, Don Quijote "formó, borró y quitó, añadió, deshizo y tornó a hacer" in his fanciful mind before deciding to call him Rocinante (I, 1).

Cervantes' use of the asyndeton can be cited as a significant device that produced rhythmic qualities in the *Quijote*. The internal rhythm, which is achieved by the omission of conjunctions, does much to make the prose approach poetic qualities, as can be seen in the following examples: "Sancho lo dijo, Sancho lo hizo, Sancho tornó, y Sancho volvió" (II, 33); "Pasmóse el duque, suspendióse la duquesa, admiróse Don Quijote, tembló Sancho Panza" (II, 34); "Quedó molido Sancho, espantado Don Quijote, aporreado el rucio, y no muy católico *Rocinante*" (II, 58); "mamonado has de ser; acrebillado te has de ver; pellizcado has de gemir" (II, 69). One of his asyndetic oxymorons is: " 'Vivo muriendo, ardo en el yelo, tiemblo en el fuego, espero sin esperanza, pártome y quédome' " (II, 38).

As the best storyteller in the Spanish language, Cervantes reached a technical height that was not known before his time. The greatness of his narrative can be attributed to his rich, complex prose. While displaying rhythmic variety and musicality, the *Quijote* closely reflects the patterns of everyday speech and the factual details about ideas, people, objects, and situations in Cervantes' time. The unusual expressive qualities in his prose exist because of the rhythmic and musical form, and his style is the result of an involuntary process in which his novelistic art was realized.

University of Georgia
Athens, Georgia

NOTES

[1] Miguel de Cervantes Saavedra, *Don Quijote de la Mancha*, in *Obras completas* (Madrid: Aguilar, 1956), Part II, Chapters 3 and 71. Subsequent quotations are taken from this edition, and part and chapter numbers appear in parentheses after each citation.
[2] See Joaquín Casalduero, *Sentido y forma del* Quijote (Madrid: Insula, 1949), pp. 63–65.

Tabula Gratulatoria

Earl M. Aldrich, Jr.
Theodore Andersson
Sarah W. Aylen
William and Berta M. Bascom
Angel A. Borrás
Marjorie A. Bourne
Mildred Boyer
James W. Brown
Lyle C. Brown
John S. Brushwood
Fred Burkhardt
Samuel Doss Butler
Dr. and Mrs. Pedro C. Caram
Boyd G. Carter
Vernon A. Chamberlin
Eugenio and Raquel
  Chang-Rodríguez
Hugh H. Chapman, Jr.
José Cid-Pérez
Hildegart Cooper
William F. Cooper
Carol A. Cummings
Jack A. Dabbs
Eugene M. Decker, III
Cyrus C. DeCoster

C. Dwight Dorough
John C. Dowling
Frances Lee Dutreau
Jeane Delcine Fair
John L. Firth
Robert Karl Fritz
Inés A. Frombaugh
Joseph G. Fucilla
María A. García-Rameau
Oscar A. Haac
Hussein Hakim
Gail Giachini Hardy
Robert V. Haynes
Diane Henderson
Thomas J. Hewitt
Vladimir Honsa
Alexander C. Hooker, Jr.
William V. Jackson
Harold F. Johnson
Harvey Johnson, Jr.
Karen Kay Johnson
Mr. and Mrs. Raleigh W.
  Johnson, Jr.
Dr. and Mrs. Robert L.
  Johnson, Jr.

Robert C. Jones
Ruth Lee Kennedy
William Jackson Kilgore
Anita Kiperman
Richard B. Klein
Robert B. Knox
Carolyn Kowalski
Ruth S. Lamb
Irving A. Leonard
John Kenneth Leslie
Kurt L. Levy
Bart L. Lewis
Luis Lorenzo-Rivero
Donald McGrady
Malcolm D. McLean
George E. McSpadden
Dolores Martí de Cid
Rosa Mateo
Elaine K. Miller
John Eldon Mitchell
Margarete K. Mitchell
Margaret Morris
Edward R. Mulvihill
Joaquina Navarro
Lucy Ann Neblett
Mary T. Neglin
Maxine G. Nelson
José M. Obelleiro
Harley D. Oberhelman
Martha O'Nan
Marian M. Orgain
Héctor H. Orjuela
Zelda L. Osborne
Anthony M. Pasquariello
Rev. Lawrence Peguero
Gertrud H. Pickar
Colin M. Pierson
Lorene Pouncey
Guadalupe Quintanilla
Harold C. Raley
Richard M. Reeve
Thomas W. Renaldi

Agapito Rey
Paul Rider
James Willis Robb
Timothy J. Rogers
Victoria Romera-Navarro
Walter and Pilar Rubín
Gerardo Sáenz
Mamie Saletta
José Sánchez-Boudy
George O. Schanzer
Marie D. Siegel
James B. Silman
Raymond D. Souza
Leonard E. Stevens
Frederick S. Stimson
Diamantina V. Suárez
Henry M. Sylvain
Julia J. Tabery
M. Frances Taylor
Edward D. Terry
Frank and Ann Q. Tiller
Lucy Torres
Leticia Umaña
Victoria E. Urbano
Rima R. Vallbona
Joseph F. Vélez
Santiago Vilas
Carmelo Virgillo
Philip A. Wadsworth
Jorge Weibel, M.D.
John G. Weiger
Hubert P. Weller
John A. Wellington
Marie A. Wellington
Marie Annette Wellington
Ellen H. Wilkerson
Pearle J. Wilson
Ann E. Wiltrout
M. Wayne Wolfe
George W. Woodyard
Serge J. Zaitzeff
Henryk Ziomek

Bryn Mawr College Libraries
Library of Congress
Perkins Library, Duke University
University of Houston
College of Humanities and Fine Arts,
    University of Houston

University of Minnesota Libraries
University of Washington Library
University of Wisconsin Library
Yale University Library

stuðia humanitatis

PUBLISHED VOLUMES

Louis Marcello La Favia, *Benvenuto Rambaldi da Imola: Dantista*. xii–188 pp. US $9.25.

John O'Connor, *Balzac's Soluble Fish*. xii–252 pp. US $14.25.

Carlos García, *La desordenada codicia*, edición crítica de Giulio Massano. xii–220 pp. US $11.50.

Everett W. Hesse, *Interpretando la Comedia*. xii–184 pp. US $10.00.

Lewis Kamm, *The Object in Zola's* Rougon-Macquart. xii–160 pp. US $9.25.

Ann Bugliani, *Women and the Feminine Principle in the Works of Paul Claudel*. xii–144 pp. US $9.25.

Charlotte Frankel Gerrard, *Montherlant and Suicide*. xvi–72 pp. US $5.00.

The Two Hesperias. Literary Studies in Honor of Joseph G. Fucilla. Edited by Americo Bugliani. xx–372 pp. US $30.00.

Jean J. Smoot, *A Comparison of Plays by John M. Synge and Federico García Lorca: The Poets and Time*. xiii–220 pp. US $13.00.

Laclos. Critical Approaches to Les Liaisons dangereuses. Ed. Lloyd R. Free. xii–300 pp. US $17.00.

JULIA CONAWAY BONDANELLA, *Petrarch's Visions and their Renaissance Analogues*. xii–120 pp. US $7.00.

VINCENZO TRIPODI, *Studi su Foscolo e Stern*. xii–216 pp. US $13.00.

GENARO J. PÉREZ, *Formalist Elements in the Novels of Juan Goytisolo*. xii–216 pp. US $12.50.

SARA MARIA ADLER, *Calvino: The Writer as Fablemaker*. xviii–164 pp. US $11.50.

LOPE DE VEGA, *El amor enamorado*, critical edition of John B. Wooldridge, Jr. xvi–236 pp. US $13.00.

NANCY DERSOFI, *Arcadia and the Stage: A Study of the Theater of Angelo Beolco* (called *Ruzante*). xii–180 pp. US $10.00

JOHN A. FREY, *The Aesthetics of the* ROUGON-MACQUART. xvi–356 pp. US $20.00.

CHESTER W. OBUCHOWSKI, *Mars on Trial: War as Seen by French Writers of the Twentieth Century*. xiv–320 pp. US $20.00.

JEREMY T. MEDINA, *Spanish Realism: Theory and Practice of a Concept in the Nineteenth Century*. xviii–374 pp. US $17.50

MAUDA BREGOLI-RUSSO, *Boiardo Lirico*. viii–204 pp. US $11.00.

ROBERT H. MILLER, ed. *Sir John Harington: A Supplie or Addicion to the Catalogue of Bishops to the Yeare 1608*. xii–214 pp. US $13.50.

NICOLÁS E. ÁLVAREZ, *La obra literaria de Jorge Mañach*. vii–279 pp. US $14.50.

MARIO ASTE, *La narrativa di Luigi Pirandello: Dalle novelle al romanzo Uno, Nessuno, e Centomila*. xvi–200 pp. US $11.00.

Romance Literary Studies: Homage to Harvey L. Johnson, ed. Marie A. Wellington and Martha O'Nan. xxxvii–185 pp. US $15.00.

MECHTHILD CRANSTON, *Orion Resurgent: René Char, Poet of Presence*. xxiv–376 pp. US $22.50.

FRANK A. DOMÍNGUEZ, *The Medieval Argonautica*. viii–122 pp. US $8.50.

ANTONIO PLANELLS, *Cortázar: Metafísica y erotismo*. xvi–220 pp. US $10.50

FORTHCOMING PUBLICATIONS

El cancionero del Bachiller Jhoan López, edición crítica de Rosalind Gabin.

Studies in Honor of Gerald E. Wade, edited by Sylvia Bowman, Bruno M. Damiani, Janet W. Díaz, E. Michael Gerli, Everett Hesse, John E. Keller, Luis Leal and Russell Sebold.

HELMUT HATZFELD, *Essais sur la littérature flamboyante*.

JOSEPH BARBARINO, *The Latin Intervocalic Stops: A Quantitative and Comparative Study*.

NANCY D'ANTUONO, *Boccaccio's novelle in Lope's theatre*.

Novelistas femeninas de la postguerra española, ed. Janet W. Díaz.

La Discontenta and La Pythia, edition with introduction and notes by Nicholas A. De Mara.

PERO LÓPEZ DE AYALA, *Crónica del Rey Don Pedro I*, edición crítica de Heanon y Constance Wilkins.

ALBERT H. LE MAY, *The Experimental Verse Theater of Valle-Inclán*.

MARIA ELISA CIAVARELLI, *La fuerza de la sangre en la literatura del Siglo de Oro*.

MARY LEE BRETZ, *La evolución novelística de Pío Baroja*.

DENNIS M. KRATZ, *Mocking Epic*.

CALDERÓN DE LA BARCA, *The Prodigal Magician,* translated and edited by Bruce W. Wardropper.

GEORGE E. MCSPADDEN, *Don Quixote and the Spanish Prologues,* volume I.

EVERETT HESSE, *New Perspectives on Comedia Criticism.*

ANTHONY A. CICCONE, *The Comedy of Language: Four Farces by Molière.*

LOIS ANN RUSSELL, *Robert Challe: A Utopian Voice in the Early Enlightenment.*